Wolfgang Schnepper

200 schöne Fußballübungen für die Bambinis

Wolfgang Schnepper, Jahrgang 1964, Diplomsportlehrer
Ex-Bezirksligaspieler im Fußball,
Sportwissenschaftler mit dem Schwerpunkt Fußball,
1988-89 in der deutschen Triathlonspitze,
1990 Bayerischer Meister im Body-Building,
1998 Konditionstrainer im bezahlten Fußball,
Fußballabitur mit der Note "sehr gut",
2003 - 2006 Sportlehrer an einer Gesamtschule,
Autor und Übersetzer mit über 50 geschriebenen Büchern
über Kurzgeschichten, Erzählungen und über Fußballtraining,
Fußballroman, Fußballgeschichte, Sportpsychologie, Fitness
und vieles mehr.

©2025 Wolfgang Schnepper
Satz und Layout: Wolfgang Schnepper
Grafiken und Bilder Manfred Claßen, coachfix Covergrafik:
© iStockphoto LP
Verlag: BoD · Books on Demand GmbH, Überseering 33,
22297 Hamburg, bod@bod.de
Druck: Libri Plureos GmbH, Friedensallee 273,
22763 Hamburg

ISBN: 978-3-7693-5026-5

Inhaltsverzeichnis

Inhaltsverzeichnis

Inhaltsverzeichnis

Inhaltsverzeichnis

Vorwort

In diesem Buch werden ausschließlich 200 Fußballübungen für die Bambinis präsentiert. Diese Übungen werden insgesamt mit etwa 60 Skizzen untermalt. Psychische, mentale und taktische Aspekte im Kinderfußball usw. werden hier nicht mehr beschrieben. Diese Themen wurden unter anderem in meinem Buch "Das universelle Fußballbuch über Kindertraining" ausführlich behandelt. Gegenüber meinen bisherigen Büchern über Bambinitraining sind hier zusätzlich auch die neuesten Übungen wie Hüter des Feldes, Bambinis im Weltraum, Bambini-Olympiade, Wer rettet den Ball aus der heißen Wüste?, Fußballzirkus, Eilpost, Sumpfwettlauf usw. enthalten.

Vielen Übungen geht eine kleine Geschichte voraus, um die Fantasie der Bambinis zu stärken.

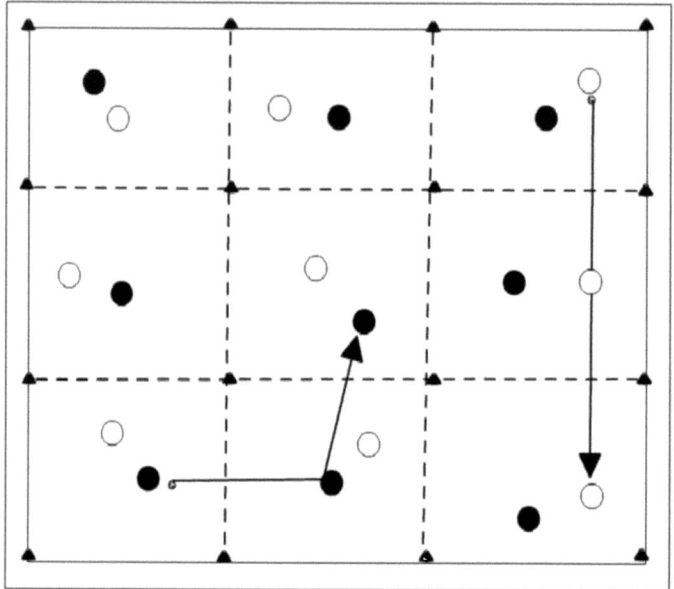

Hüter des Feldes

Es werden kleine Quadrate gebildet mit einer Größe von etwa 3 Meter Seitenlänge (siehe Abbildung oben). In jedem Quadrat befindet sich jeweils ein Spieler pro Mannschaft. Beide Mannschaften besitzen einen Ball. Die erste Aufgabenstellung ist relativ einfach. Der Ball soll sicher in ein anderes Feld zu einem Mitspieler gepasst werden. Die Anzahl der Ballkontakte wird hierbei natürlich nicht begrenzt.

Wir erhöhen nach ein bis zwei Minuten Spielzeit den Schwierigkeitsgrad. Der Spieler wechselt jeweils in das Quadrat, in das er den Ball gespielt hat. Die Spielzeit wird ebenfalls auf ein bis zwei Minuten begrenzt. Diese Übung eignet sich vervorragend zu einem Einstieg in das Training.

Wer rettet den Ball aus der heißen Wüste?

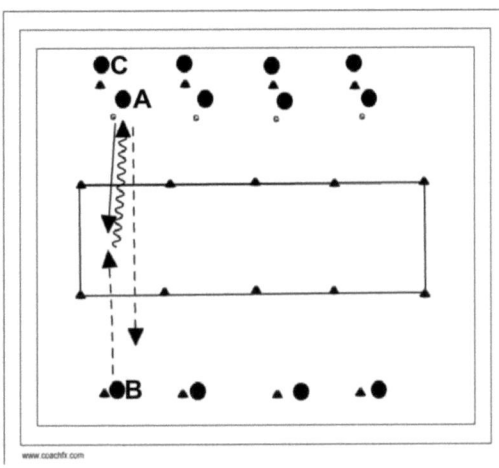

Diese Übung eignet sich auch als Einstieg ins Training. Zunächst wird in der Mitte ein Rechteck mit einer Größe von 3m x 10m abgesteckt (siehe Abbildung oben). Bei diesem Rechteck handelt es sich um einen Wüstenstreifen mit großer Hitze. Die Kinder verteilen sich etwa fünf Meter vom Feld entfernt, wie auf der Skizze dargestellt. Auf einer Seite stehen jeweils zwei Kinder hintereinander. Die vorderen kleinen Fußballer sind dabei jeweils in Ballbesitz und haben nichts Gutes im Sinn. Auf ein Kommando des Trainers oder der Trainerin befördern sie den Ball so schnell wie möglich in den Wüstenstreifen. Danach verlassen sie das "heiße" Gebiet. Die beiden Mannschaften auf der jeweiligen Seite stellen sich nun

vor, dass sich durch die große Hitze die Luft im Ball ausdehnt und der Ball platzen könnte. Auf ein Kommando rennen sie in die Wüste, um die Bälle zu retten. Welche Mannschaft befördert die meisten Bälle mit dem Fuß zurück aus dem Wüstenstreifen in ihr Gebiet? Natürlich dürfen Zweikämpfe wie in einem richtigen Fußballspiel geführt werden.

Der Trainer oder die Trainerin betont aber, dass absolut fair gespielt werden muss.

Kaiser/in, König/in, Edelmann und Edelfrau

Wir stecken ein kleines Feld von 10m x 10m ab. In der Mitte jeder Seitenlinie steht jeweils ein Spieler außerhalb des Spielfeldes (siehe Abbildung oben). Die restlichen kleinen Fußballer befinden sich innerhalb des Spielfeldes und sind alle in Besitz eines Fußballes. Jeder Spieler oder jede Spielerin innerhalb des Feldes bekommt einen Adelstitel zugesprochen, wie z.B. Königin, König, Kaiserin, Kaiser, Herzog oder Herzogin, Edelmann oder Edelfrau usw.
Die Akteure im inneren des Spielfeldes sollen nun den Ball sicher im Feld führen. Nach relativ kurzen Abständen ruft der Trainer oder die Trainerin bestimmte Adelstitel auf (ein oder mehrere). Diese sollen dann zu einem "Außenposten" mit

Ball sprinten und mit diesem einen Doppelpass spielen.
Nach relativ kurzer Zeit kommt es natürlich zu einem Aufga-
benwechsel (auch die Adelstitel sollten gewechselt werden).
Auch diese Übung eignet sich für einen Einstieg ins Training.
Die Übungszeit wird auf 3 bis 4 Minuten begrenzt. Aufgrund
der Adelstitel, was für Bambinis tatsächlich aufregend ist, er-
freut diese Übung die kleinen Fußballer doch sehr.

Zwei gegen Zwei

Wir spielen im Training natürlich auch unter normalen Wett-kampfbedingungen:

Spieleranzahl: 2 Spieler pro Mannschaft plus maximal ein Rotationsspieler

Torwart: kein Torwart

Spielform:Festivalform mit auf- und absteigenden Feldern

Spieldurchgänge: maximal 7

Spielzeit: maximal 5 Minuten pro Durchgang

Spielpausen: 3 Minuten

Spielfeld: 16 x 20 Meter

Tore: 4 Minitore (max. 2 x 1,2m),
alternativ Stangen/ Hütchen

Position der Tore: 2m von der Seitenlinie

Trefferwertung: von der Mittellinie

Ball: Größe 3 (290g)

15

Regeln: Nach jedem gefallenen Tor wechseln beide Mannschaften einen Spieler oder eine Spielerin nach einer zuvor festgelegten Reihenfolge. Bei einem Ausball setzt die gegnerische Mannschaft das Spiel durch Eindribbeln oder Einpassen von der Seite fort. Abstoß und Anstoß werden von der eigenen Grundlinie als Dribbling oder Pass ausgeführt. Dabei muss die verteidigende Mannschaft die gegnerische Hälfte verlassen.

Nach jedem Durchgang gehen die Gewinnerteams jeweils ein Spielfeld weiter, die Verliererteams jeweils um ein Spielfeld zurück, falls im Training genügend Mannschaften gebildet werden können.

Alternative 3 gegen 3

Spieleranzahl: 3 Spieler pro Mannschaft plus maximal zwei Rotationsspieler

Torwart: Kein Torwart

Spielform:Festivalform mit auf- und absteigenden Feldern

Spieldurchgänge: Maximal 7

Spielzeit: Maximal 7 Minuten pro Durchgang

Spielpausen: 3 Minuten

Spielfeld: 20 x 25 Meter

Tore: 4 Minitore (max. 2 x 1,2m)

Position der Tore: 2m von der Seitenlinie

Trefferwertung: 6m Schusszone

Ball: Größe 3 (290g)

Regeln: Nach jedem gefallenen Tor wechseln beide Mannschaften einen Spieler oder eine Spielerin nach einer zuvor festgelegten Reihenfolge. Bei einem Ausball setzt die gegnerische Mannschaft das Spiel durch Eindribbeln oder Einpassen von der Seite fort. Abstoß und Anstoß werden von der eigenen Grundlinie als Dribbling oder Pass ausgeführt. Dabei muss die verteidigende Mannschaft die gegnerische Hälfte verlassen.

Nach jedem Durchgang gehen die Gewinnerteams jeweils ein Spielfeld weiter, die Verliererteams jeweils um ein Spielfeld zurück, falls im Training genügend Mannschaften gebildet werden können.

Weitere Alternativen in Ausnahmefällen auf Jugendtore mit festem Torwart und entsprechend großem Spielfeld:

- 4 gegen 4

- 5 gegen 5

- 6 gegen 6

- 7 gegen 7

Der Fußballzirkus

In einem relativ kleinen Feld führt jeder Fußballer einen Ball eng am Fuß. Für jeden Spieler befindet sich jeweils eine Fahnenstange, ein Markierungsteller und eine flache Streifenmarkierung (ohne Stolperfalle) auf dem Feld. Die Kinder stellen sich dabei vor, sie befänden sich in der Manege eines Zirkus. Sie sollen dabei ihre Tricks mit dem Ball einem großen Publikum vorführen. Der Trainer oder die Trainerin ruft nun: "Markierungsteller". Sofort läuft jeder mit seinem Ball zu einem Markierungsteller und platziert darauf sicher den ruhenden Ball (die Markierungsteller müssen natürlich dementsprechend konstruiert sein). Auf Kommando wird der Ball weiter geführt. Bei dem Ruf " Fahnenstange", führen die

die kleinen Kicker den Ball 360° eng an der Stange herum und laufen mit Ball normal weiter. Bei dem Ruf "Markierung" läuft jeder zu einer Markierung. Jetzt soll der Ball mit dem Fuß über die Markierung gehoben und dann normal weitergeführt werden. D.h., der Ball darf die Markierung nicht berühren. Die Übungszeit wird auf 2 bis 3 Minuten begrenzt.

www.coachfx.com

Kettenfangen

Übungsaufbau und Ablauf:
Es wird ein nicht zu großes Viereck abgesteckt. Ein Spieler ist der Fänger.

Die Spieler verteilen sich in dem Viereck. Der Fänger versucht einen Spieler zu fangen. Gelingt dieses, gibt es 2 Fänger, die sich an der Hand halten müssen um den nächsten Spieler zu fangen. Die Kette wird immer größer bis der letzte Spieler gefangen ist.

Diese Übung eignet sich besonders gut, wenn ein Hallentraining ansteht.

Kettenfangenvariationen

Die Spieler verteilen sich wiederum in dem Viereck. Der Fänger versucht diesmal nicht einen Spieler zu fangen, sondern den Ball eines Gegners abzufangen oder zu berühren (mit den Füßen natürlich). Denn jetzt führen alle Spieler außer dem Fänger einen Ball im Viereck. Gelingt dieses, gibt es 2 Fänger, die sich an der Hand halten müssen, um den Ball des nächsten Spielers zu bekommen. Die Kette wird immer größer bis sie den letzten Spieler mit Ball erwischt hat. Spieler, die sich der Kette anschließen müssen, befördern natürlich ihren Ball aus dem Spielfeld.

Achtung: Wird es für die Kette zu schwierig, weitere Bälle zu berühren, werden die verbleibenden Spieler mit Ball zu Siegern erklärt. Dies gilt auch für die nächsten Variationen des Spiels. Die nächste Übung folgt.

Variation: Jetzt gibt es nur einen Ball im Spielfeld, den die Spieler sich gegenseitig in der Bewegung zuspielen sollen. Alle anderen Regeln bleiben unverändert. Der Ball bleibt selbstverständlich immer im Spiel.

Variation: Die letzte Übung wird wiederholt, allerdings mit dem Unterschied, dass die Kette auf zwei Spieler beschränkt bleibt. Drei Fänger agieren also in einer Zweierkette und einem einzelnen Fänger. Vier Fänger jagen den Ball mit zwei Zweierketten usw. Diese Variante kann auch auf die vorigen Übungen angewendet werden. Auch jeweils nur einzelne Fänger (also gar keine Kettenbildung) oder Balljäger sind möglich. Es dauert einige Zeit, bis die kleinen Fußballer diese

Variationen verstanden haben. Dann bereitet es den Bambinis aber einen großen Spaß, und das Ganze kann in einigen Trainingseinheiten wiederholt werden.

Bald brauchen auch keine Erklärungen mehr abgegeben werden, da die Kinder ein sehr gutes Gedächtnis haben.

Bambinis im Weltraum

Mit den folgenden Übungen trainieren wir spielerisch das Zeitgfühl der Bambinis. Auch hier beginnen wir die Übung mit einer kleinen Geschichte. Die Bambinis steuern ein Weltraumschiff durch Raum und Zeit und sollen es pünktlich und sicher in eine Landungszone bringen.

In der Praxis sieht das folgendermaßen aus: Die kleinen Weltraumfahrer positionieren sich an der Torlinie und Torauslinie mit einem Abstand von etwa 2 Metern nebeneinander. Der Trainer oder die Trainerin steht an der Mittellinie auf dem Anstoßpunkt. Er ist der Weltraumlotse oder sie ist die Weltraumlotsin und ist in Besitz einer Uhr mit Sekundenzeiger. Auf Kommando sollen die Bambinis nun mit ihrem Weltraumschiff starten und ziemlich genau nach 60 Sekunden in den Mittelkreis eintreten. Auch wenn einige Kinder noch nicht einmal bis 10 zählen können, entwickeln sie in relativ kurzer Zeit das Gefühl dafür, wie lange eine Minute ist. Sie können dann ungefähr einschätzen, wie schnell sie gehen oder laufen müssen, um die 52 Meter von der Torlinie bis zum Anstoßpunkt in einer Minute zurückzulegen.
Sieger der Weltraumfahrer sind natürlich die Kinder, welche in der Minute dem Mittelkreis am nächsten kommen oder sogar genau den Zeitplan einhalten. Vom Anstoßpunkt bis zur Mittelkreislinie haben sie sogar einen Spielraum von 9,14m zur jeder Seite hin. Also haben sie einen Spielraum von 18,28m, um zu den Siegern zu zählen. Alle Kinder müssen sich natürlich mit der gleichen Geschwindigkeit weiterbewegen, auch wenn sie sich schon im Mittelkreis befinden.

Weltraumfahrer, die im Mittelkreis ihre Geschwindigkeit verlangsamen, haben automatisch verloren.
Es wird also auch einige Kinder geben, die nach 60 Sekunden auf der anderen Seite den Mittelkreis wieder verlassen.
Die Übung muss natürlich einige Male wiederholt werden.
Nach kurzer Zeit haben sich die ersten Experten geformt, die "Raum und Zeit" perfekt kontrollieren können.

- Nun bekommen die Kinder noch eine Weltraumfracht. Sie sollen gleichzeitig einen Ball am Fuß führen und sicher in die Landungszone bringen.

- Der Ball darf diesmal nur mit dem linken Fuß geführt werden.

- Jetzt soll der Ball mit beiden Händen dabei sicher ins Ziel getragen werden.

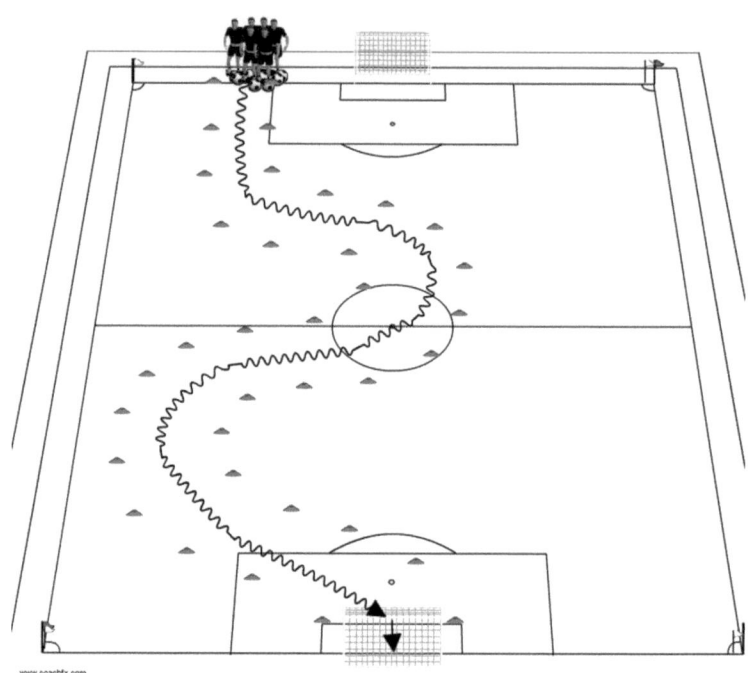

Autorennen

Übungsaufbau und Ablauf:

Es wird eine Rennbahn mit Hütchen aufgebaut, die am Ende zu einem Tor führt. Alle Spieler stellen sich an der Startlinie mit Ball auf. Auf ein Trainerkommando beginnt das Rennen. Die Spieler dribbeln entlang der Rennstrecke und schießen den Ball am Ende der Strecke ins Tor. Welche Spieler erzielen die schnellsten Tore?

2. Übung

Nun starten zwei Spieler gleichzeitig und starten ein weiteres Autorennen im echten Konkurrenzkampf. Wer ist schneller am Tor und kann zuerst einschießen?

3. Übung

Beim dritten Rennen starten alle Spieler gleichzeitig. Die Startaufstellung wird wie in der Formel 1 vorgenommen. Hierbei sollen alle Spieler aber den Ball mit beiden Händen festhalten. Der Ball dient jetzt als Lenkrad. Wird eine Rechtskurve gelaufen, wird der Ball dabei nach rechts gedreht und umgekehrt. Zusätzlich sollen alle kleinen Fußballer Motorengeräusche imitieren. Am Ende des Parcours wird der Ball ins Tor geworfen. Die Spieler dürfen während des Rennens auch überholen. Aber bei diesem Massenstart ist die Platzierung vollkommen Nebensache. Man glaubt aber kaum welchen Spaß die Kinder an diesem Rennen haben. Die Übung kann man durchaus wiederholen.

Im Bann des Magiers

Es wird ein 12 x 12 Meter großes Quadrat markiert, im Inneren wird ein 3 x 3 Meter großes Quadrat errichtet, wird aber in der ersten Übung noch nicht benötigt.

Ablauf: Die Kinder laufen frei im Feld. Hebt der Magier nun einen Arm (am besten mit einem Zauberstab) sind die Kinder verzaubert, und müssen nun Bewegungsaufgaben befolgen. Sagt der Trainer z.B. Katze, sollen die Kinder auf allen Vieren gehen und miauen, bei Rennauto schnell laufen und laut sein, bei Frosch hüpfen und quaken, bei Elefant groß machen und posaunen usw.
Die Spielform wird auf 5 Minuten begrenzt.

Danach erfolgt die gleiche Übung. Hierbei soll aber gleichzeitig ein Ball geführt werden. Hierbei kommen lustige Sachen heraus.

Im Knast

Die Kinder laufen wieder frei im äußeren Quadrat. Zwei Kinder werden „böse Zauberer" und fangen die anderen Kinder. Diese werden im inneren Quadrat eingesperrt. Die anderen Kinder können die Gefangenen befreien, indem sie die ausgestreckte Hand derer berühren. Auch dieses Spiel wird auf fünf Minuten begrenzt.

Danach gibt es nur einen Fänger, aber der hat es jetzt leichter. Alle anderen müssen nun nämlich einen Ball führen. Werden sie gefangen und eingesperrt, betreten sie das innere Quadrat natürlich mit Ball.

Bei der nächsten Runde laufen die Kinder wieder frei und ohne Ball im äußeren Quadrat, jetzt ist aber die Trainerin oder der Trainer der „böse Zauberer".

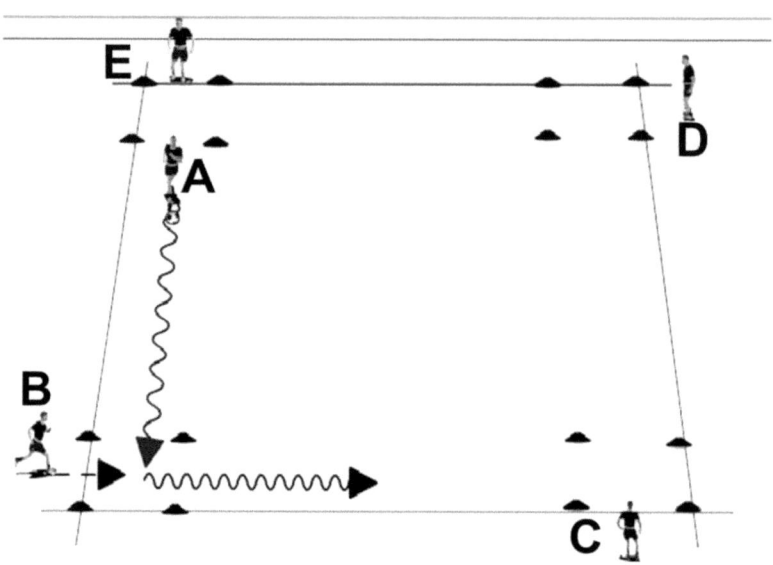

Eilpost

Wir markieren zunächst eine Spielfläche von 10m x 10m. An den Ecken befinden sich kleine Quadrate von etwa 2m x 2m (siehe Abbildung oben). Vor dem kleinen Quadrat befindet sich mindestens ein Spieler. Jeder Spieler ist in Ballbesitz. Die kleinen Fußballer sollen sich nun vorstellen, dass sie Postboten mit einer Eilpost sind, die sich in dem jeweiligen Ball befindet. Der Postbote A führt den Ball auf dem schnellsten Weg mit dem Fuß in das kleine Quadrat B. Der Postbote B zieht diesen Ball mit dem Fuß aus dem Feld heraus. Danach nimmt er seinen eigenen Ball mit der Eilpost und führt ihn in das Feld C usw. Postbote A übernimmt natürlich die Position

von Postbote B und Postbote B von C usw.

Variationen:

- Nun wird der Ball mit beiden Händen getragen.

- Der Ball darf nur mit dem linken Fuß geführt werden.

Jeder Durchgang sollte auf 2 bis 3 Runden begrenzt werden.

www.coachfx.com

Schwänzchen fangen

Übungsaufbau und Ablauf:

Jedem Kind wird ein Leibchen hinten in den Hosenbund gesteckt. Die Kinder versuchen, möglichst viele Leibchen zu bekommen und das eigene zu behalten.

Das Spiel ist beendet, wenn alle Leibchen gefangen sind. Wer hat die meisten gefangen?

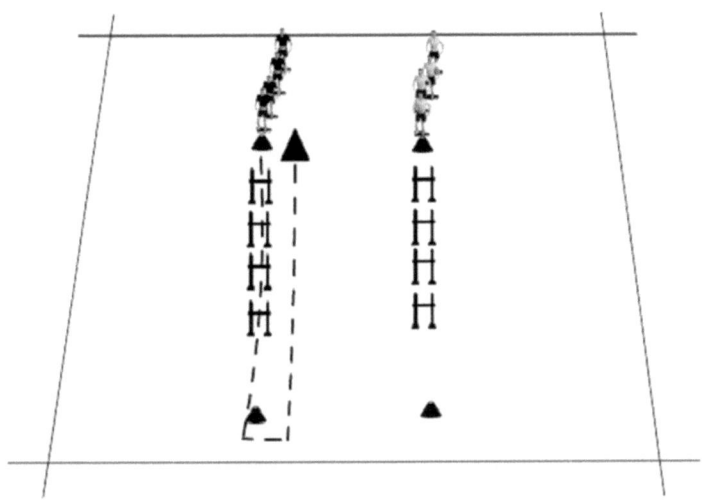

Sumpfwettlauf

Zwei Mannschaften laufen gegeneinander in einer Sumpf-
landschaft um die Wette. Hierbei wir ein Teil der Strecke
markiert, der nicht berührt werden darf. Ansonsten bleibt
man im Sumpf stecken und der der Wettkampf ist verloren.
Natürlich muss der direkte Laufweg eingehalten werden.
Wird hiervon abgewichen, endet der Wettkampf ebenfalls.

- Nach zwei Durchgängen wird zusätzlich noch ein Ball durch
das Sumpfgebiet getragen, der an die Mitspieler immer wieder übergeben werden muss.

33

Feuer-Wasser-Sandsturm

Diese Übung ist besonders für die Halle geeignet.

Trainer/in ruft die nachfolgenden Kommandos:

- Wasser: Alle Kinder müssen auf die Bänke.
- Sandsturm: Alle legen sich auf den Boden.
- Feuer von dort: Alle Teilnehmer müssen in die gegenüberliegende Richtung (Ecke).
- Kaffeeklatsch: Alle setzen sich auf den Boden und Klatschen in die Hände.

Mini-Fußball-Übungsreihe

Aufbau für die folgenden Spiele: Es wird ein Spielfeld von etwa 16 x 20 Meter mit zwei Toren errichtet.

1. Spiel

Es wird 4 gegen 4 oder 5 gegen 5 mit festem Torwart gespielt. Gleichzeitig befindet sich ein „lebendiges" Tor auf dem Platz. Zwei Spieler laufen mit einer Stange gemeinsam über den Platz, und halten die Stange am jeweiligen Ende fest. Sie bilden also ein laufendes Tor. Die Mannschaft, die in Ballbesitz ist, kann nun ein Tor erzielen, indem sie das „normale" Tor treffen oder durch das „lebendige" Tor schießen. D.h. unter der Stange zwischen den zwei Trägern treffen. Die zwei Träger versuchen natürlich diese Tore beider Mannschaften zu verhindern. Nach einem Treffer im „lebendigen" Tor, wird das Spiel nicht unterbrochen. Diese erste Spiel sollte etwa 5 bis 10 Minuten dauern. Aber die Aufgaben werden dabei regelmäßig getauscht.

2. Spiel

Das zweite Spiel findet auf dem gleichen Platz statt. Es werden zwei Mannschaften mit jeweils 6 oder mehr Spielern gebildet. Die jeweiligen Mannschaften werden wiederum in zwei Teams getrennt, z.B. in 2 x 3, 2 x 4 oder 1 x 3 und 1 x 4. Die erste Mannschaft besteht aus Team 1 und 2, die

Schöne Fußballübungen für die Bambinis

andere Mannschaft aus Team 3 und 4.
Zuerst spielen Team 1 und 3 normal gegeneinander (ein fester Torwart kann, muss aber nicht festgelegt werden).
Nach etwa zwei Minuten ruft der Trainer oder die Trainerin „Team 2 und 4 rein, Team 1 und 3 raus". Jetzt müssen Team 1 und 3 sofort das Spielfeld verlassen, und werden jeweils durch ihr anderes Team ersetzt. Nach weiteren 2 Minuten spielen wieder die anderen Teams. Danach kann es zu interessanten Variationen kommen, wie nur ein Team wird jeweils ausgetauscht, z.B. Team 4 durch 3 usw.
Bestehen die Teams z.B. aus jeweils drei und vier Spielern, kann und soll durch Tausch dieser auch eine Über- bzw. Unterzahl entstehen.
Auch diese Spielform wird auf 5 bis 10 Minuten begrenzt.

Achtung: Bei den Bambinis dieses Spiel genau erklären.
Es dauert ein wenig bis die Kleinen es verstanden haben.
Aber danach haben sie große Freude an dieser Spielvariation.

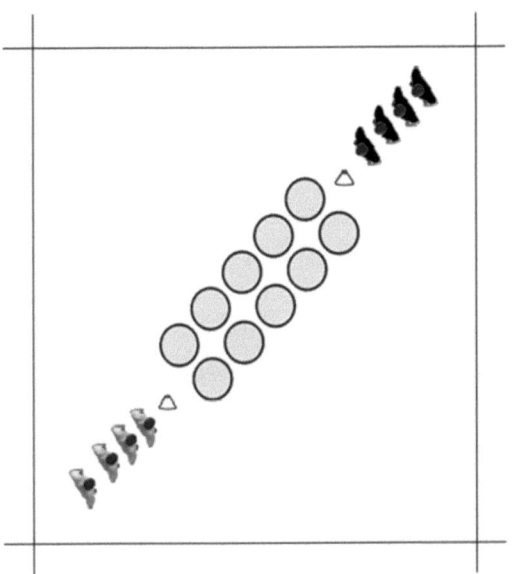

Prellball

Dieser Wettkampf eignet sich hervorragend für die Halle.
Zwei Mannschaften stehen sich gegenüber und jeder Spieler
besitzt einen Ball. Gymnastikreifen werden auf den Boden
gelegt, wie auf der oberen Abbildung dargestellt. Auf Kommando des Trainers oder der Trainerin läuft das erste Kind jeder Mannschaft los. In jedem Gymnastikreifen muss der Ball
einmal peprellt werden. Wurde in den letzten Reifen geprellt,
ruft das Kind laut "Ich bin fertig" und ein weiterer Mitspieler
seiner Mannschaft startet. Beim Prellen dürfen die Kinder
neben den Gymnastikreifen laufen, aber auch in oder über
diese. Welche Mannschaft hat als Erste alle Spieler auf der
anderen Seite? 2 bis 3 Durchgänge sind durchaus möglich.

Reitturnier und Pferderennen

Es wird ein Feld von etwa 30 x 40 Metern markiert. Dieses Feld wird später auch für das Abschlussspiel genutzt.

1. Spiel

Die Kinder bewegen sich frei im Feld, und sollen nun Bewegungen von Pferden nachahmen, erst einmal ohne Vorgaben. Nach einer Minute folgen die ersten Vorgaben des Trainers oder der Trainerin wie „Pferdchen spring", „Pferdchen Galopp, Schritt oder Trab", „Pferdchen lauf starke Kurve" usw. Die Übung wird auf drei bis vier Minuten begrenzt.

2. Spiel

Das Spiel wird jetzt wiederholt, aber jedes Pferdchen muss nun gleichzeitig einen Ball dabei führen (Dauer etwa 2 Minuten).

Pferderennen

Der Trainer/in geht mit den Kindern auf die Laufbahn, falls vorhanden, ansonsten wird eine andere Möglichkeit gesucht (aber möglichst nah an der Zuschauertribüne, wenn vorhanden). Das Rennen geht über etwa 100 Meter. Zuerst sollen alle Kinder in einer Reihe nebeneinander gehen und wechseln relativ schnell in „Trab" (langsames Laufen) über. An der

Zuschauertribüne heben die Kinder ihre Hände und winken den virtuellen Zuschauern begeistert zu. Sie traben immer noch nebeneinander. Jetzt sollen sie über einen Wassergraben springen, und die etwa letzten dreißig Meter wird um die Wette galoppiert, wer gewinnt?

Galoppwettbewerb mit Ball

Die Kinder stehen auf dem Platz wiederum in einer Reihe und nebeneinander. Jedes Kind ist in Ballbesitz. Auf Kommando laufen sie im „Galopp „ (also Sprint) mit Ball etwa 50 Meter ins Ziel. Wer gewinnt dieses Galopprennen?

Abschlussspiel mit tierischem Jubel

Es werden zwei Mannschaften gebildet. Die erste Mannschaft sind die Pferde, die zweite Mannschaft zum Beispiel die Esel. Schießt die Pferdemannschaft ein Tor, sollen die Kinder vor Freude wiehern. Schießen die Esel ein Tor, bestehen die Freudenlaute natürlich aus einem "I und einem A".
Während des Spiels kann die Tierart der Mannschaften auch verändert werden wie zum Beispiel in Hund, Katze, Affe, Rabe, Elefant usw.

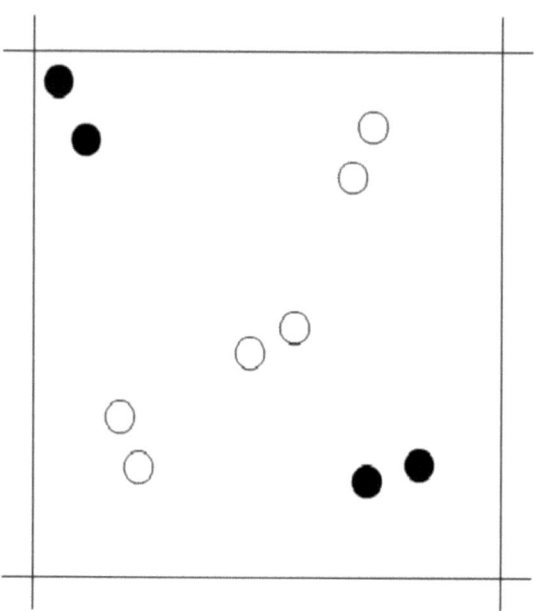

Die Bällediebe sind unterwegs

In einem kleinen Spielfeld liegen zum Beispiel 10 Bälle. Weiterhin laufen zwei Mannschaften mit je 6 bis 10 Spielern im Uhrzeigersinn möglichst nah an der Linie um das Feld herum. Die Mannschaften sind dabei nicht sortiert. Nach kurzer Zeit ruft der Trainer oder die Trainerin "Schnappt euch die Bälle". Alle Bambinis laufen ins Feld und jeder versucht einen Ball aus dem Feld zu tragen. Wer einen Ball sicher trägt, darf nicht mehr angegriffen werden.
Welche Mannschaft klaut die meisten Bälle?

- Beim zweiten Durchgang muss der Ball aus dem Feld gedribbelt werden. Hierbei darf der Gegner aber angreifen, um den Ball selbst zu erobern.

- Beim dritten und letzten Durchgang darf der Ball nur mit dem linken Fuß geführt werden.

Verirrte Eskimos

Übungsaufbau und Ablauf:

4 Gruppen bilden. Die Kinder zweier Gruppen sind die Lotsen und die anderen die Eskimos. Zwei Iglus mit Hütchen abstecken. Die Eskimos bekommen die Augen verbunden und haben sich verlaufen. Die Lotsen dürfen die Eskimos per Zuruf zu ihrem Iglu lotsen. Welche Lotsengruppe hat Ihre Eskimos am schnellsten im Iglo.

Wer hat Angst vor dem bösen Wolf?

Übungsaufbau und Ablauf:

Ein Spieler ist der Wolf und die anderen Spieler stellen sich auf gleicher Höhe und in einer Reihe auf. Der Wolf steht einige Meter hinter der Gruppe. In einigem Abstand ist ein Viereck aufgebaut, in welches die Spieler flüchten können.
Wolf: Wer hat Angst vor dem bösen Wolf?
Spieler: Niemand!
Wolf: Und wenn er kommt?
Spieler: Dann laufen wir! (Alle Spieler laufen los und der Wolf versucht, so viele Spieler wie möglich zu fangen).

Farbendribbeln

Übungsaufbau und Ablauf:
Es werden einige farbige Vierecke mit Hütchen aufgebaut (siehe Grafik). Es werden 2 oder mehr Mannschaften gebildet. Jeder Spieler erhält einen Ball. Der Trainer ruft eine Farbe, woraufhin alle Spieler in das farbige Viereck dribbeln. Das Team, welches zuerst alle Spieler mit Ball im Viereck hat bekommt 2 Punkte, das nächste einen.

Variation:
Gleiche Übung ohne Ball.

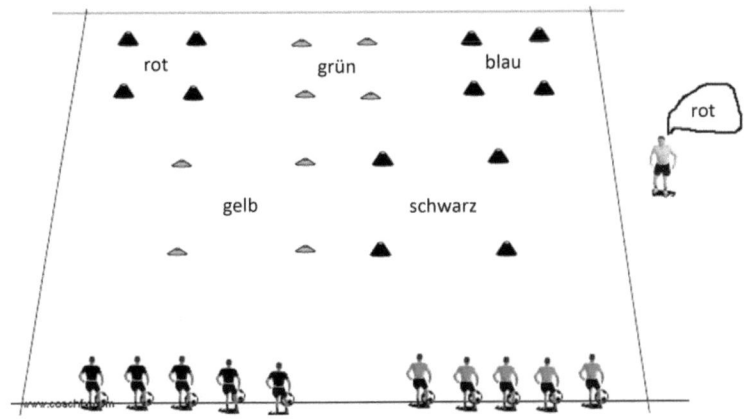

Sicherer Unterschlupf

Dieses Spiel ist besonders für die Halle geeignet. Die kleinen
Kicker laufen z.B. in einer kleinen Halle frei herum. Es liegen
mehrere Gymnastikreifen auf dem Hallenboden. Die Zahl der
Reifen ist geringer als die Zahl der Spieler. Die Kinder sollen
sich nun vorstellen, dass sie auf einer großen Wiese laufen
und nur die Gymnastkreifen eine sicheren Unterschlupf bei
einem möglichen Unwetter bieten. Zunächst ist das Wetter
schön. Dann aber ruft der Trainer oder die Trainerin "Starkre-
gen" und die Kinder laufen um die Wette für den sicheren
Unterschlupf. In jedem Gymnastikreifen darf nämlich nur ein
Kind stehen. Wer wird nass und wer bleibt trocken ?

- Beim nächsten Durchgang dribbelt jedes Kind mit einem Ball über die schöne Wiese. Jetzt ruft der Trainer oder die Trainerin "Starker Schneefall" und jedes Kind versucht sich mit dem Ball in Sicherheit zu bringen.

- Der Ball darf nur mit dem linken Fuß geführt werden.

- Der Ball darf nur getragen werden.

- Der Ball darf nur geprellt werden (hier brauchen wir leichte Platikbälle oder Volleybälle).

- Der Ball darf nur mit dem rechten Fuß geführt werden.

In diesem Spiel dürfen die Kleinen natürlich nur an den Gymnastikreifen vorbeilaufen, damit sie nicht ständig in der Nähe der Reifen sind.

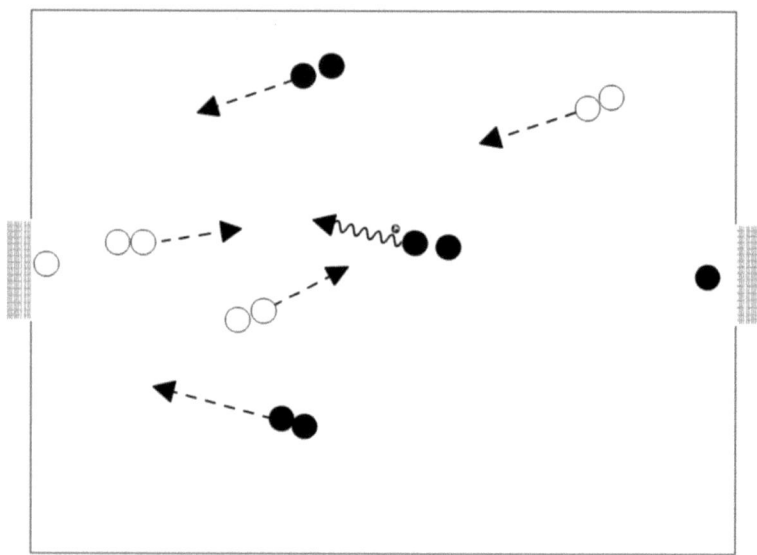

Die Schattenspieler

Jetzt werden Paare gebildet. Ein Kind läuft vor, das andere dicht hinterher. Der Schattenspieler hat die Aufgabe, alles zu imitieren, was der vordere Spieler vormacht wie Richtungswechsel, Sprünge, Armkreisen usw.

- Beim nächsten Durchgang ist jeder Spieler, auch der Schattenspieler in Ballbesitz. Wer kann die Tricks des vorderen Spielers nachmachen?

- Nun sind auch Torschüsse auf ein besetztes Tor erlaubt. Jeder Übungsteil sollte auf ungefähr eine Minute begrenzt bleiben, sonst droht Überforderung oder Langeweile.

Dribbel- und Kurzpassübung

Die Kinder laufen im Sechzehnmeterraum, die eine Hälfte mit Ball, die andere ohne. Immer, wenn ein Kind ohne Ball den Weg kreuzt, muss der ballführende Spieler den Ball abgeben. Die Übung sollte nur 2 – 3 Minuten gespielt werden.

Raupenrennen

Übungsaufbau und Ablauf:

Zwei Mannschaften bilden. Die Kinder müssen sich auf den Boden knien und halten sich an den Fußgelenken vom Vordermann fest. Auf ein Trainerkommando müssen die Raupen so schnell wie möglich ins Ziel kriechen. Die Raupe muss immer zusammenbleiben, ansonsten erhält die gegnerische Mannschaft einen Punkt. Die Raupe, die gewinnt erhält einen Punkt. Welche Mannschaft hat zuerst 5 Punkte?

Schubkarre

Übungsaufbau und Ablauf:

Es werden mehrere Mannschaften mit jeweils 2 Kindern gebildet. Die Schubkarre muss so schnell wie möglich um ein Hütchen und zurück über die Startlinie. Schubkarre: Ein Kind läuft auf den Händen, das andere steht dahinter und hält die Fußgelenke fest.

Zonenwächter

Es wird ein 20 x 20 Meter großes Feld in zwei gleich große Zonen eingeteilt. Zwei Zonenwächter werden in jede Zone gestellt. Auf ein Kommando versuchen die anderen Kinder auf die andere Seite der Grundlinie zu gelangen. Allerdings sollen sie dabei die Zonen überqueren, ohne von den Wächtern abgeschlagen zu werden. Wer von den Wächtern berührt wird, wird ebenfalls Wächter und muss in die Zone gehen. Jetzt beginnt das Spiel von vorn. Wer bleibt als Letzter außerhalb der Zone übrig, und gewinnt das Spiel?

Variation: Nach diesem Spiel wird der Schwierigkeitsgrad für die Fänger erhöht. Die Zonen starten jeweils mit nur einem Fänger.

Variation: Jetzt wird wiederum mit einem Zonenwächter pro Zone gestartet, aber die übrigen müssen jetzt die Grundlinie mit einem getragenen Ball erreichen. Abgeschlagene Kinder müssen wiederum in die Zone als Wächter, allerdings wird der Ball außerhalb des Feldes abgelegt.

Variation: Es wird wieder mit Ball gespielt, aber jetzt soll er zur anderen Grundlinie kurz am Fuß geführt werden.

Brennball

Das nächste Spiel ist eine Art Brennball. Das Feld wird ohne Zonen übernommen. Es werden zum Beispiel zwei Mannschaften mit jeweils 6 Spielern gebildet. Die eine Mannschaft sind die „Dunklen", die andere die „Hellen". Team Dunkel erhält drei Bälle, das andere Team verteilt sich frei im Feld. Team Dunkel wirft sich die Bälle untereinander zu. Der Fänger soll nun mit dem gefangenen Ball einen Spieler von Hell berühren, darf aber nur maximal drei Schritte dabei ausführen. Nach den drei Schritten muss der Ball zum nächsten Mitspieler geworfen werden, egal ob der Ball einen Gegenspieler berührt hat oder nicht. Die Gegenspieler, die vom Ball regelkonform berührt wurden, sind „verbrannt" und scheiden aus. Wie lange braucht Dunkel bis alle Hellen verbrannt sind?
Danach werden die Aufgaben getauscht. Welche Mannschaft war schneller?
Das Spiel sollte mehrmals wiederholt werden. Ist der Schwierigkeitsgrad zu hoch, dürfen mit gefangenem Ball auch 5 Schritte absolviert werden.

Dribbeln und Finten

Das gleiche Feld wird beibehalten. Jetzt bekommt jedes Kind einen Ball. Sie dribbeln frei im Feld. Kommt ihnen ein Spieler entgegen, sollen sie eine beliebige Finte ausführen. Nach zwei bis drei Minuten darf nur der „schwache" Fuß benutzt werden.

Motto „Karneval"

Wir beschreiben hier mal einen kompletten Trainingstag, der als Turnier ausgetragen wird. Sie macht den Bambinis und auch den F-Junioren einen ordentlichen Spaß. Allerdings brauchen wir hier eine perfekte Planung. Das Turnier kann in der Woche oder auch am Wochenende stattfinden. Es läuft unter dem Motte „Karneval". Jede teilnehmende Mannschaft muss einheitlich verkleidet spielen. Die eine Mannschaft spielt z.B. als Schornsteinfeger-Mannschaft, die andere als Batman-Mannschaft, Superman-Mannschaft, Superwoman-Mannschaft usw.
Aber bitte mit den anderen Trainern die Verkleidung absprechen, damit die Teams sich nicht gleich verkleiden.

Achtung: Hier liegt die Schwierigkeit. Die Kostüme dürfen nicht behindern, keinen Hitzestau verursachen (zu dickes Material bei hohen Außentemperaturen) oder zu Verletzungen führen wie durch Metall, dicke Knöpfe oder scharfe Ränder usw.
Die Kostüme einer Mannschaft müssen natürlich nicht alle gleich aussehen oder 100 Prozent professionell sein.
Die Eltern lassen sich schon was einfallen.
Die Trainerin oder der Trainer muss natürlich jedes Kostüm kontrollieren, ob es den Sicherheitsansprüchen entspricht. Meistens gehen Veränderungen noch sehr kurzfristig.

Am Ende darf natürlich eine Siegerehrung nicht fehlen. Jedes Kind bekommt einen Preis gerichtet nach seiner Verkleidung. Die Schornsteinfeger-Mannschaft z. B. einen kleinen Schornsteinfeger aus Schokolade oder Marzipan, die Supermann-Mannschaft einen kleinen Spielzeug-Supermann usw. Die Pokalübergabe darf natürlich auch nicht fehlen.

Also wenn genügend Eltern hier mitarbeiten, organisieren und ein wenig finanziell helfen, wird dies ein Turnier, welches den Kindern immer in schöner Erinnerung bleibt.

Wer bleibt am längsten im Kreis?

Wir markieren zunächst einen Kreis von etwa 5 Meter Durchmesser. Die Spieler verteilen sich ähnlich wie oben in der Skizze dargestellt. Ein Kind außerhalb des Kreises ist in Ballbesitz. Es soll nun entweder einen Kreisspieler "abschießen" oder zu einem anderen Kind außerhalb des Kreises abspielen. Bleibt der Ball im Kreis hängen, muss er von den Kreisspielern wieder zu einem Kind außerhalb des Kreises gepasst werden. Wird ein Kreisspieler getroffen, muss er den Kreis verlassen und der betreffende Schütze hat die Ehre den Kreis zu betreten. Wer bleibt am längsten im Kreis?

- Wir spielen mit zwei Bällen gleichzeitig.

- Wir werfen mit einem Schaumstoffball.

- Wir werfen mit zwei Schaumstoffbällen.

Sprintduelle

Übungsaufbau und Ablauf:

Es werden 4 Vierecke mit jeweils 4 Hütchen markiert. Der Trainer bildet 2 Teams die sich nebeneinander jeweils in einem Viereck aufstellen. In den anderen beiden Vierecken werden alle Bälle gleich verteilt abgelegt. Auf ein Trainerkommando starten die jeweils ersten Spieler eines Teams zu ihrem Viereck und holen einen Ball, den sie mit den Händen tragen. Welches Team hat alle Bälle zuerst in seinem Viereck?

Variation:

Die Bälle werden mit dem Fuß gespielt.
etc.

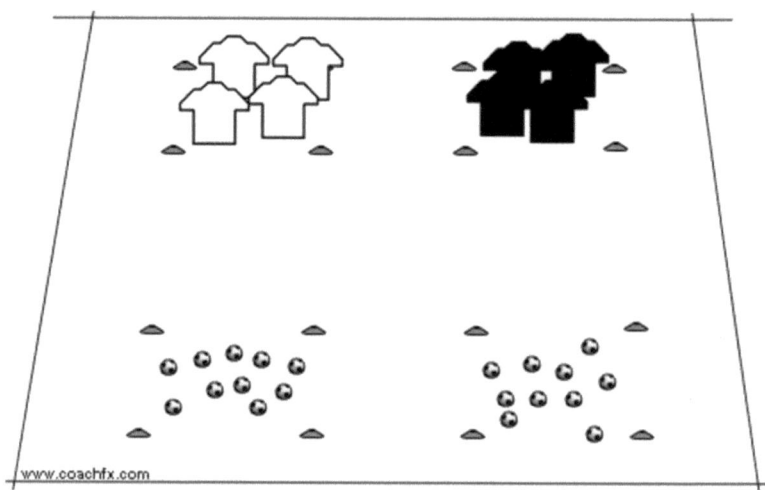

www.coachfx.com

Betreuerschießen

Übungsaufbau und Ablauf:
Jetzt stellen sich alle Betreuer ins Tor. Entweder zählen die erzielten Tore oder die angeschossenen Betreuer.

www.coachfx.com

Diese Übung wird allerdings erst interessant, wenn alle Kinder gleichteitig anlaufen und schießen.

Betreuerschießen 2

Übungsaufbau und Ablauf:

Es wird ein Viereck mit vier Hütchen in der Mitte der Trainingsfläche aufgebaut. Das Viereck sollte nicht größer als 3*3 Meter sein. Die Kinder verteilen sich alle mit Ball um das Viereck. Andere Bälle liegen zusätzlich im Feld. Auf ein Kommando schießen alle Spieler ins Viereck und versuchen die Betreuer zu treffen. Nach dem Schuss nehmen sich die Spieler einen freien Ball und schießen erneut. Wer erzielt die meisten Treffer?

Zielschießen

Übungsaufbau und Ablauf:
Je nach Anzahl der Spieler und Betreuer werden 3 oder mehr spitz zulaufende Punktefelder (Dreiecke) mit Hütchen aufgebaut.
Dahinter befindet sich, wenn möglich ein etwas größeres Hütchen oder ein anderer Gegenstand.
Ca. 5 Meter davor wird eine Schusslinie mittels Fahnen abgesteckt. Nochmals ca. 15 Meter davor befinden sich gleichgroße Gruppen mit Ball (siehe Grafik).

Auf ein Trainerkommando dribbeln die jeweils ersten Spieler jeder Gruppe bis zur Schusslinie, und versuchen von dort aus durch das Punktefeld zu schießen.
Verlässt der Ball, z.B. nach dem dritten Hütchen das Dreieck bekommt der Spieler, und damit die Mannschaft 3 Punkte.
Der Spieler holt seinen Ball und läuft so schnell wie möglich zu seiner Gruppe zurück (hierbei kann der Ball getragen oder auch gedribbelt werden).
Jetzt folgt ein weiteres Trainerkommando, und der jeweils nächste Spieler ist an der Reihe, etc.

Welche Mannschaft hat nach einigen Durchgängen die meisten Punkte?

- Beim nächsten Durchgang wird der Ball gerollt oder geworfen.

- Jetzt muss der Ball mit dem linken Fuß geschossen werden.
Bei diesen beiden Varianten wird der Abstand zu den Pylonen natürlich auf drei Meter verkürzt.

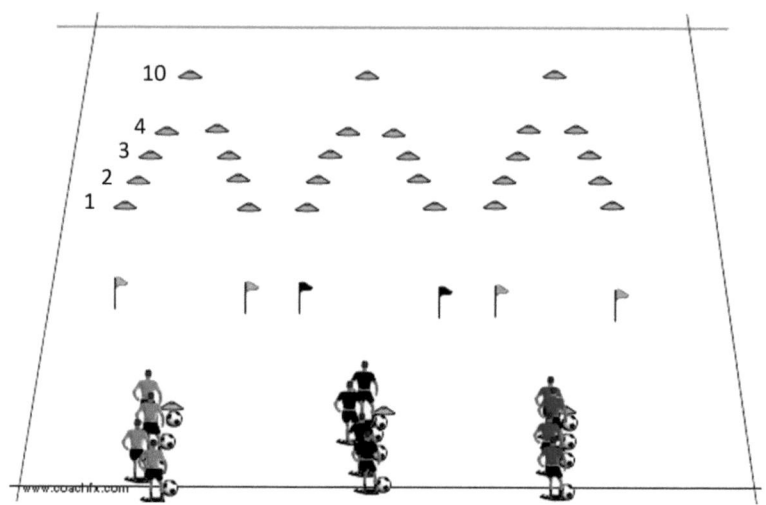

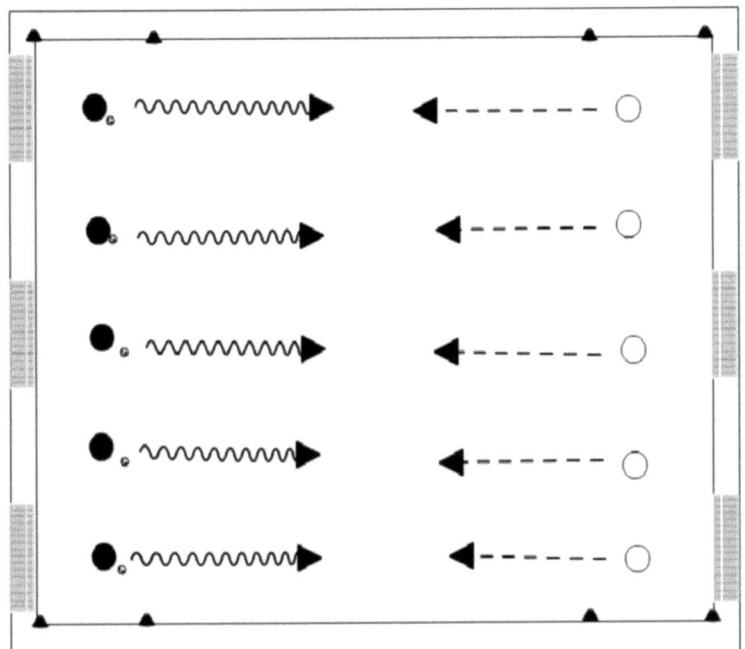

Aufwärmen wie die Profis

Diese Übung eignet sich hervorragend für den Einstieg ins Kindertraining. Der Trainer oder die Trainerin erzählt den Kindern, dass diese Übung eine echte Profi-Übung zum Aufwärmen ist unsd sie hierbei vollkommen konzentriert sein müssen. Ganz schnell erhöht sich dann die Aufmerksamkeit der kleinen Fußballer.

Sie stellen sich in Zweiergruppen in einem Abstand von etwa 10 Metern zueinander auf (siehe Abbildung oben).

Eine Seite ist dabei in Ballbesitz. Auf Kommando laufen die Zweiergruppen aufeinader zu, einer führt dabei natürlich den

Ball. Die beiden Spieler treffen sich dabei in der Mitte. Jetzt übernimmt der andere Spieler den Ball und beide laufen zurück zu ihrem Ausgangspunkt. Hier drehen sich beide Spieler um 180 Grad und die Übung beginnt erneut, diesmal ist aber der Partner in Ballbesitz. Es werden nur zwei bis drei Durchgänge durchgeführt, um die Kinder nicht zu überlasten.

- Danach wird der Ball in der Mitte übernommen und in die gleiche Richtung weitergeführt. Jeder übernimmt nun den Ausgangspunkt des anderen (auch nur zwei bis drei Durchgänge).

- Jetzt wird der Ball getragen und die vorigen beiden Varianten auf diese Art und Weise wiederholt (jeweils nur zwei Durchgänge).

Diese Übungen müssen ganz genau erklärt und vorgeführt werden. Bei einer sichtlichen Überforderung wird die Übungszeit verkürzt oder die Übung ganz abgebrochen.

Tierpark / Zirkus / Tierjubel

Hier kommen wir zu einer Übungsreihe, die besonders den Bambini enormen Spaß bereitet, und es werden praktisch keine Hilfsmittel benötigt.

Tierpark

Die Kleinen sollen sich erst einmal vorstellen, dass sie sich in einem Tierpark oder Zoo befinden. Der Trainer oder die Trainerin befindet sich jeweils in einem Käfig oder Gehege. Die Mannschaft steht davor, gleichmäßig verteilt, und jeder hat etwa zwei Meter Abstand zum seitlichen Partner, Vorder- oder Hintermann.
Der Trainer/in ist jetzt ein ausgedachtes Tier, bewegt sich dementsprechend und gibt dessen Laute ab. Die kleinen Kicker sollen dieses nun nachahmen.
Hier können "leichte" Tiere wie Affe oder Löwe gewählt werden, oder "schwierige" wie Nashorn, Pfau, Delphin usw.
Jedes Tier wird etwa 20 bis 30 Sekunden imitiert, dann wird gedanklich zum nächsten Gehege, Schwimmbecken oder Käfig gewechselt.
Nach einigen Tieren wechselt der Trainer oder die Trainerin in die "Zuschauermenge" und ein Fußballer darf die Tierrolle übernehmen. Jedes Kind darf einmal, muss aber nicht, den Käfig übernehmen.

Zirkus

Jetzt kommt der Ball ins Spiel. Die Tiere befinden sich nun in einem Zirkus, und sollen dem Publikum ihre Ballkünste demonstrieren. Jedes Kind denkt sich ein Tier aus, welches es in der Manege mit Ball vorführt. "Doppelrollen" sind natürlich erlaubt. Regen Sie hier die Phantasie der Kinder an, wie bestimmte Tiere einen Ball behandeln könnten. Die Kinder dürfen Einzeln auftreten oder in Gruppen. Beschränken Sie den Auftritt auf maximal 60 Sekunden.

Die Kinder sind also die Darsteller und Trainer und Betreuer die Zuschauer. Die kleinen Fußballer werden allerdings so viel Spaß haben, dass bereits ein Trainer oder eine Trainerin als Publikum ausreichend ist.

Tierjubel

Ein Abschlussspiel erfolgt in einer besonderen Form. Jede Mannschaft ist eine Tiergruppe. Eine Mannschaft besteht beispielsweise nur aus Elefanten, die andere nur aus Affen. Bei einem Torerfolg sollen die Kleinen nun Jubeln wie die entsprechenden Tiere es tun würden.

Steh Bock, lauf Bock

Übungsaufbau und Ablauf:

Ein Kind wird als Fänger ausgewählt. Die anderen Kinder befinden sich in einem abgegrenzten Spielfeld. Der Fänger probiert die Anderen zu fangen. Wenn ihm das gelingt, muss das gefangene Kind stehen bleiben, und sich in eine Grätschstellung begeben. Ein nicht gefangenes Kind kann ein gefangenes Kind befreien, indem es durch die Beine krabbelt. Ziel des Fängers ist es, möglichst alle Gruppenmitglieder zu fangen, bevor ein noch freies Kind ein gefangenes befreien kann.

Ist das Fangen für ein Kind zu schwer, werden mit der Zeit zwei oder drei Fänger eingesetzt.

Hütchenwald

Übungsaufbau und Ablauf:

Die Spieler werden in 2 Gruppen eingeteilt.
Zwei Tore mit Torhütern im Abstand von ca. 30 Metern gegenüber aufstellen.
Hütchenwald mit 2 verschiedenen Farben errichten (siehe Grafik).
Neben den Toren werden jeweils 3 kleine Hürden aufgebaut.
Jeder Gruppe wird ein Tor und eine Hütchenfarbe zugewiesen. Die Kinder dribbeln im Hütchenwald und müssen zuerst

4 Hütchen der eigenen Mannschaft beim Dribbling mit der Hand berühren.

Anschließend dribbelt der Spieler jeweils zum gegnerischen Tor und schießt von der markierten Linie aus aufs Tor.

Auf dem Rückweg zum Hütchenwald wird zu den Hürden gedribbelt. Der Ball wird durch die Hürden gespielt, und der Spieler überspringt diese (siehe Grafik).

Variation:

Vor dem Hütchen den Ball in die Hände nehmen und das Hütchen überspringen.

Hütchenwald

Spiele "3 gegen 3"

Übungsaufbau und Ablauf:

Es werden vier Mannschaften mit jeweils 2 oder 3 Spielern gebildet. Es werden 2 Felder gebildet auf denen jeweils 2 Teams gegeneinander, auf Hockeytore oder Hütchentore ohne Torwart, spielen.

Nach einigen Minuten werden die Gegner getauscht und ein kleine Pause eingehalten.

Welche Mannschaft erzielt die meisten Tore?

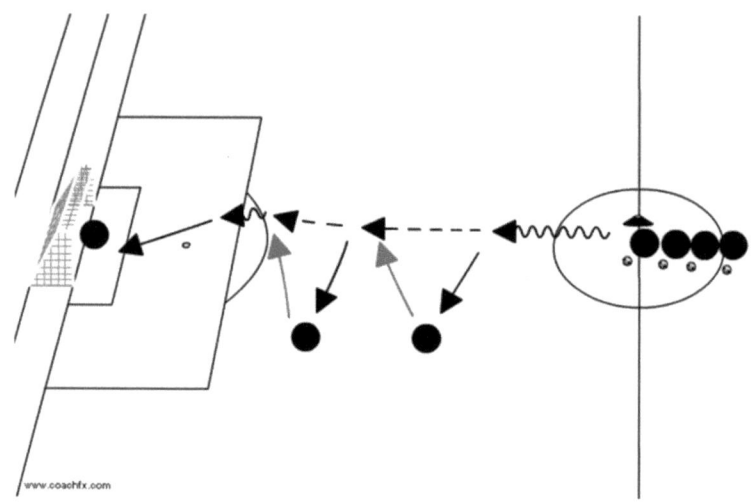

Torschusstraining wie die Profis

Den Bambinis wird erklärt, dass sie nun ein Schusstraining wie die Fußballprofis absolvieren und schon sind sie voll konzentriert. Wir achten hier auf die kurzen Entfernungen zum Tor. Die Torschützen befinden sich lediglich 10 bis 15 Meter vom besetzten Tor entfernt. Zwei Mitspieler stellen sich als Anspieler zur Verfügung. Der erste Schütze läuft mit Ball an, spielt den ersten Mitspieler an, der spielt zurück, spielt den zweiten Mitspieler an, der spielt zurück und jetzt versucht der kleine Fußballer ein Tor zu erzielen. Danach startet der zweite Fußballer mit Ball usw. Die Übung sieht bei den kleinen Kickern noch sehr tollpatschig aus, macht ihnen aber viel Spaß.

3 gegen 2

Es wird ein 15 x 20 Meter großes Feld markiert. An einer schmalen Seite werden zwei Stangentore von etwa 2 Metern Länge aufgebaut, die etwa 5 Meter voneinander entfernt stehen. Die andere schmale Seite wird als Dribbellinie deklariert. Nun bilden wir ein 2er- und ein 3er-Team.
Die Mannschaft in der Überzahl spielt auf die beiden Stangentore, die andere verteidigt die Stangentore und kontert nach Ballgewinn über die Dribbellinie. Der Ball muss über die Linie geführt und nicht geschossen werden. Nach einer Minute wird eine Pause von 30 Sekunden eingeräumt. Danach geht es mit Rollentausch weiter. Insgesamt wird die Übung vier- bis fünfmal wiederholt.

2 gegen 2 plus Torwart

Die Übung wird nun auf dem gleichen Feld wiederholt, allerdings spielt die Mannschaft in Überzahl mit einem festen Torwart, der allerdings nur ein Tor in der Mitte der Grundlinie zu verteidigen hat. Hier kann ruhig ein Tor von 5m Länge und 2m Höhe gewählt werden oder ein Stangentor von 5 Meter Breite.
Die Übung kann auch vier- bis fünfmal mit Rollentausch und kurzer Pause absolviert werden.

Fußball- und Minigolfturnier am Trainingstag in der Halle

Wir haben es ausprobiert. Organisieren Sie an einem Trainingstag ein Fußballturnier kombiniert mit einem Minigolfturnier. Der Spaßfaktor ist hier bei den kleinen Fußballern riesig. Das Turnier wird mit Betreuern / Eltern geplant. Auch dieses Turnier soll möglichst wichtig und offiziell für die Kinder erscheinen. Deswegen wird das Turnier vorher angekündigt, und die jeweiligen Mannschaften werden vorher festgelegt. Am besten besteht das Turnier aus vier Mannschaften, damit die Spielpausen nicht zu lang sind. Es hat folglich immer nur eine Mannschaft Spielpause. Zwei Teams spielen gegeneinander Fußball, eine befindet sich im Minigolfparcour, die vierte sitzt auf der Bank.

Benötigte Materialien:

- eine zweigeteilte Halle (eine Hälfte für die Fußballspiele, die andere für den Minigolfbereich)
- mehrere Minigolfschäger und -bälle
- zwei Handballtore
- mehrere Fußbälle (mindestens einen Ersatzball)
- jede Mannschaft besitzt ein eigenes Trikot
- Urkunden und Medaillen für die Siegerehrung
- ausreichend Getränke wie Wasser und Apfelsaftschorle
- mehrere Aufsichtspersonen, Betreuer und Schiedsrichter

Der eigentliche Trainer oder Trainerin ist Oberschiedsrichter/in und hat die Hauptverantwortung für das gesamte Turnier.
Bei der Siegerehrung bekommt jedes Kind eine Urkunde und eine Medaille.

Ablauf: Im Fußballturnier spielt jede Mannschaft 2 x 5 Minuten gegen jede andere Mannschaft. Die Auswertung / Punkteverteilung erfolgt hier nach den normalen Regeln. Die Anzahl der Spieler richtet sich nach der Feldgröße. Können alle Spieler eingesetzt werden, ist das umso besser, da die Spielzeit relativ kurz ist.
Sollte ein Spieler ausfallen, haben die anderen Mannschaften halt einen Auswechselspieler (permanenter fliegender Wechsel).

Jede Mannschaft durchläuft einmal auch den Minigolfparcour. Es empfiehlt sich drei bis vier Bahnen aufzubauen. Natürlich „hauen" wir keine Minigolflöcher in den Hallenboden. Am Ende einer Bahn muss der Ball in einen bestimmten Sektor befördert werden. Hier kann es sich um einen umgekippten Eimer, eine abgegrenztes Quadrat durch Stäbe (eine Seite des Quadrats oder des Rechtecks ist natürlich offen, denn hier soll der Ball rein) oder eine große Matte auf der der Ball zur Ruhe kommen soll am Ende der Bahn. Auf jeder Bahn befinden sich Hindernisse wie Pylonen, Bänder oder kleine Matten usw. Bitte macht die Bahnen nicht zu schwer, jedes Kind hat nur sieben Schläge (auch mehr kann vereinbart werden), um den Ball ins Ziel zu bringen.

Bewertung Minigolf:

Mannschaften mit den wenigsten Schlägen: 4 Punkte
Mannschaft auf Platz 2:   3 Punkte
Mannschaft auf Platz 3:   2 Punkte
Mannschaft auf Platz 4:   1 Punkte

Gesamtwertung: Punkte vom Fußballturnier und Minigolfwettbewerb werden addiert und dadurch die Gesamtplatzierung festgelegt.

Vor Beginn des Turniers hält der Trainer oder die Trainerin eine offizielle Ansprache und gibt den genauen Ablauf des Turniers bekannt.
An mehreren Stellen wird der genaue Zeitplan des Turniers und die Spielzeiten der Mannschaften angeschlagen. Eine Zeitreserve muss immer eingeplant werden, vor allem, weil die Dauer im Minigolfbereich nie genau einkalkuliert werden kann. Auch ein Informationstisch mit einem Elternteil, der über alles Auskunft geben kann, ist sinnvoll.

Nach der Ansprache bekommen die Teams genügend Zeit, sich vor Beginn des Turniers unter Aufsicht des Trainers oder der Trainerin aufzuwärmen.

Tipp: Nur die Mannschaft, die gerade im Minigolfbereich agiert, darf sich auch dort aufhalten (also natürlich mit Schiedsrichtern, die die Schlaganzahl notieren), damit keine Störungen oder „Parcourveränderungen, durch z.B. Umlaufen von Gegenständen, auftreten.

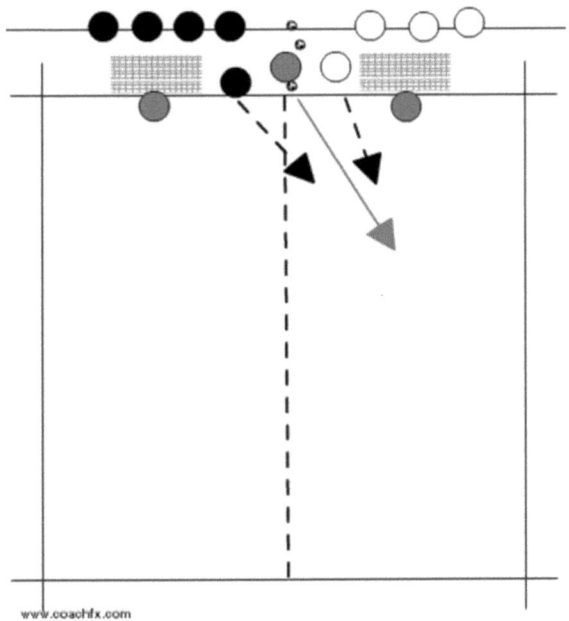

www.coachfx.com

Das Zwei-Feld-Spiel

Diese spezielle Art des Fußballspiels macht den kleinen Fußballern sehr großen Spaß. Wir markieren zwei kleine Fußballfelder mit zwei besetzten Toren direkt nebeneinander (siehe
Abbildung oben). Zwei Mannschaften stehen jeweils hinter
einem Tor. Der Trainer oder die Trainerin wirft einen Ball in
eins der beiden Fußballfelder. Beide Mannschaften stürmen
hinterher und versuchen in diesem Feld, ein Tor zu erzielen.
Fällt ein Tor, beginnt das Spiel von vorn.
Landet der Ball aber durch Zufall oder Absicht in das andere
Feld, müssen beide Mannschaften in dieses Feld stürmen und
nun dort ein Tor erzielen usw.

71

Eckbälle werden nicht ausgeführt, sondern das Spiel beginnt erneut mit den Ausgangspositionen. Einwürfe werden eingerollt. Das Spiel kann durchaus bis zu 10 Minuten dauern.

Variationen:

- Den Bambinis wird erklärt, dass sie den Ball auch bewusst in das andere Feld schießen können.

- Das andere Feld darf auch betreten werden, obwohl dort der Ball noch nicht angekommen ist.

- Es wird auf beide Felder gleichzeitig gespielt.

Die Torleute werden regelmäßig ausgetauscht.

Fangt die Diebe

Übungsaufbau und Ablauf:

Es werden 2 oder 3 Kinder als Polizisten ausgewählt. Diese Kinder bekommen ein Leibchen. Die restlichen Kinder sind Diebe. Mit vier Hütchen wird ein Gefängnis aufgebaut. Auf ein Trainerkommando versuchen die Polizisten die Diebe zu fangen. Hier reicht eine leichte Berührung und der Dieb muss ins Gefängnis gehen. Schaffen die Polizisten es, alle Diebe in einer vorgegebenen Zeit zu verhaften?

 **Schöne Fußballübungen für die Bambinis**

Liniendribbeln

Übungsaufbau und Ablauf:

Die hellen Spieler versuchen ihre jeweilige Linie zu verteidigen. Die dunklen Spieler versuchen durch beide Linien zu dribbeln. Gelingt dieses, gibt es 2 Punkte. Wird nur eine Linie durchdribbelt, gibt es einen Punkt, sonst keinen. Nach einiger Zeit werden die Aufgaben gewechselt.
Welches Team bekommt die meisten Punkte?
Aufbau siehe Grafik

www.coachfx.com

Dribbeln und Passen

Übungsaufbau und Ablauf:

Es werden Paare mit jeweils einem Ball gebildet. Der Spieler mit Ball dribbelt zum nächsten Hütchentor und passt dem mitgelaufenen Partner den Ball durch das Hütchentor zu. Dieser dribbelt jetzt zum nächsten Hütchentor und passt den Ball wieder durch das Tor zum Mitspieler usw.
Aufbau siehe Grafik

www.coachfx.com

Staffelwettbewerbe

Zwei Mannschaften stehen nebeneinander und jeweils fünf
Meter von einer Fahnenstange frontal entfernt. Weitere fünf
Meter entfernt wird jeweils ein Rechteck von 1 x 2 Metern
markiert. Die längere Seite des Rechteckes zeigt zu den Kin-
dern. Die kleinen Fußballer jeder Mannschaft stehen hinter-
einander und warten auf das Startsignal für den
Staffelwettbewerb. Auf Kommando starten die ersten Läufer
mit folgender Aufgabe: Mit maximaler Beschleunigung bis zur
Fahne, einmal um die Fahne herum laufen, sprinten bis zum
Rechteck, ganz in dieses hineinstellen und dann mit vollem
Sprint zurücklaufen, und den nächsten Läufer mit der Hand

76

abklatschen, der dann starten darf.
Welche Mannschaft hat zuerst alle Läufer im Ziel?

Als Nächstes wird der Staffelwettbewerb mit Ball durchgeführt. Auf Kommando starten die ersten beiden Kinder mit
Ball, führen diesen einmal ganz um die Fahnenstange herum,
laufen zum Rechteck und stellen sich ganz mit Ball in dieses
hinein. Jetzt führen sie den Ball in vollem Lauf zum Ausgangspunkt zurück. Hier übergeben sie den Ball zum nächsten Mitspieler ohne abklatschen.
Welche Mannschaft hat dieses Mal alle Kinder zuerst im Ziel?

Nun starten immer zwei Kinder aus jeder Mannschaft gleich-
zeitig. Dabei sollen sie Hand in Hand ohne Ball loslaufen.
Erneut einmal ganz um die Fahnenstange herum usw.
Beim Wechsel soll diesmal wieder abgeklatscht werden. Be-
steht eine Mannschaft zum Beispiel nur aus fünf oder sieben
Kindern, dann läuft ein Kind zweimal. Es ist klar, dass beide
Kinder komplett im Rechteck stehen sollen, bevor sie zurück-
sprinten.

Es werden wieder Zweiergruppen gebildet, aber jetzt muss
diese dabei auch noch einen Ball führen und Hand in Hand
laufen. Wie sie dieses tun, bleibt den Kindern überlassen.

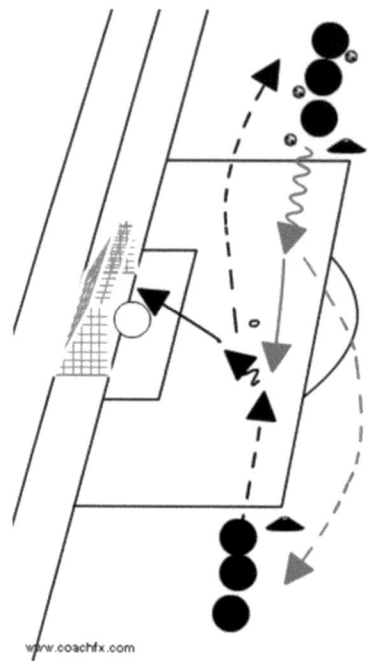

www.coachfx.com

Der Profi-Trick

Hier erklärt der Trainer oder die Trainerin den Bambinis einen Profi-Trick. Bei dem Ausdruck "Profi-Trick" werden alle Kinder direkt hellhörig und sind gespannt. Die Kinder stehen sich in zwei Gruppen gegenüber (siehe Abbildung oben).
Bei den Bambinis sind diese Gruppen allerdings nur fünf Meter auseinander. Zum besetzten Tor sind es ebenfalls nur etwa fünf Meter. Eine Gruppe ist in Ballbesitz. Die ersten beiden Kinder jeder Gruppe laufen an. Auf der Hälfte des Weges übernimmt das andere Kind den Ball und versucht irgendwie, ein Tor zu erzielen. Danach starten die nächsten

beiden Fußballer.
Diese Übung dient natürlich auch mehr dem Spaßeffekt, obwohl die Bambinis diese Übung absolut ernst nehmen. Der Torwart sollte natürlich auch öfters gewechselt werden.

Turnierspiel

Ein Kind hat Geburtstag und der Gesprächskreis findet in einer ganz anderen Form statt. Das Geburtstagkind wird von allen Kindern und Erwachsenen gefeiert.

Bänke und Tische sind aufgebaut mit Tellern, Besteck, Gläser, Getränke und etwas zum Naschen.

Die Getränke sollten überwiegend Apfelschorle und Wasser sein. Hier hat der Trainer oder die Trainerin eine Vorbildfunktion auch für die Eltern, süße Limonaden in großer Menge sind schädlich für Kinder (allein schon wegen hoher Kariesgefahr).

Das süße Essen könnte z.B. aus einem Mohrenkopf und einem kleinen Muffin pro Kind bestehen (damit ist der Bauch auch nicht zu voll).

Auch hier ist wieder eine Vorbildfunktion angebracht, Bonbons, Lutscher usw. in Hülle und Fülle sind genauso schädlich, und zu vermeiden.

Merke: Bonbons, Lutscher, Kaugummis usw. dürfen den Kleinen nicht vor dem Training oder einem Wettspiel gegeben werden. Die Gefahr eines Verschluckens während der Belastung mit schlimmen Folgen, ist nicht auszuschließen.

Wir dürfen auch nicht vergessen, dass diese Süßigkeiten (in Form von Industriezucker) ungesund sind.

Ein regelmäßiger Verzehr oder eine Aufnahme in großer Menge sollte vermieden werden.

Alle Kinder und Erwachsenen sitzen am Tisch. Sie gratulieren und feiern das Geburtstagskind. Kleine Geschenke (aber wirk-

lich nur Kleinigkeiten) werden überreicht und ein Geburtstagslied wird gesungen.

Nach dem Essen und Trinken erfolgt ein kleines Geburtstagsfest-Aufwärmen.

Viele im Vorfeld aufgeblasene Luftballons werden in einem abgesteckten Feld abgelegt (relative Windstille oder eine windgeschützte Fläche sind natürlich Voraussetzung).

Die Kinder sollen nun die Luftballons aus dieser Fläche nach außen schießen. Wenn alle Bälle aus dem Feld geschossen sind, bekommen sie die Aufgabe, die Bälle mit dem Fuß zum Platzen zu bringen.

Die Reste hebt das Kind auf. Wer die meisten Reste gesammelt hat (damit die meisten zertretenen Luftballons), hat das Spiel gewonnen.

Turnierspiel

Nach dem Aufwärmspiel beginnt ein Turnier bestehend aus drei Mannschaften. Das Turnierfeld wird nach Anzahl der Spieler abgesteckt.

Das Geburtstagskind ist in seiner Mannschaft Kapitän, bestimmt seine Spielposition und seine Mitspieler.

Jede Mannschaft spielt zweimal gegeneinander mit einer Spieldauer von 2 x 5 Minuten (die spielfreie Mannschaft hat somit eine kindgerechte Pause, in der sie trinken und sich auf das nächste Spiel vorbereiten können).

Gespielt werden kann mit drei erwachsenen Schiedsrichtern, ganz offiziell mit Linienrichtern und einem Schiedsrichter mit Pfeife. Nach einem Tor erfolgt Anstoß von der Mittellinie.

Endet das Turnier, gibt es eine richtige Siegerehrung, vielleicht mit Urkunden oder einem kleinen Preis für jedes Kind.

Das Aufräumen wird von allen Kindern und Erwachsenen zusammen durchgeführt, nur das Geburtstagskind ist davon befreit und darf schon mal seine kleinen Geschenke verstauen.

Teamtor

Die kleinen Fußballer bilden Zweier-, Dreier- oder Viereketten, und stehen etwa 20 Meter vor dem besetzten Tor. Ein Spieler ist in Ballbesitz. Auf Kommando läuft die erste Gruppe mit Ball auf das Tor zu. Sie bilden ein festes Team und eine Einheit. In der Anlaufphase solllen sie den Ball untereinander zuspielen. Kommen sie in die Nähe des Tores, darf ein Spieler versuchen, ein Tor zu erzielen. Der Torwart soll dies natürlich verhindern, darf aber seine Torlinie nur geringfügig verlassen. D.h., er darf nur ein bis zwei Meter aus dem Tor herauskommen. Denkt dabei an die Schusskraft der Kleinen. Darf der

Torwart den Torraum unbegrenzt verlassen, ist es für die
"träge Kettte" fast unmöglich, ein Tor zu erzielen.
Diese Spielform kann in allen möglichen Variationen durchgeführt werden wie Zweier-, Dreier-, Vierer- oder Fünferket-
ten. Auch der Torschütze kann festgelegt werden. Der
Torwart wird natürlich regelmäßig gewechselt.

Kettenstaffel

Nach dieser kleinen Übungsreihe wird noch ein Wettrennen
ohne Ball in Kettenform absolviert. Wiederum werden
Zweier- bis Viererketten gebildet. Diese stellen sich nebeneinander in der gleichen Höhe auf. Etwa 20 bis 30 Meter entfernt befindet sich eine Ziellinie, z.B. die Mittellinie.
Auf Kommando starten alle Ketten den Wettlauf.
Welche Kette überschreitet komplett zuerst die Mittellinie?

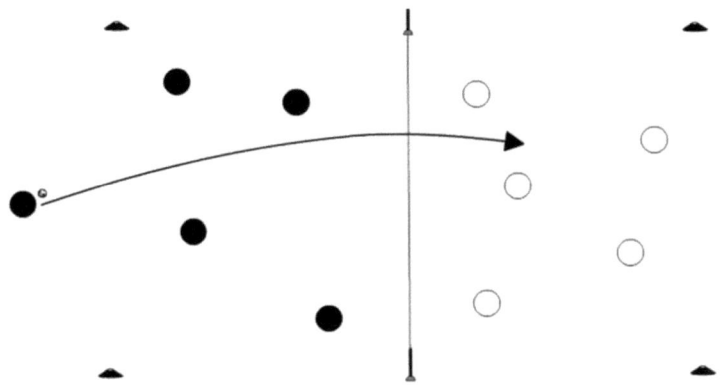

Niemand wird vergessen

Es wird ein Feld von etwa 10 Meter x 10 Meter markiert und
halbiert. In jedem Halbfeld befindet sich eine Mannschaft.
Der Trainer oder die Trainerin rollt den Ball zu einem Team.
Jetzt beginnt das Spiel der Gemeinschaft. Zuerst muss jeder
Spieler der eigenen Mannschaft einmal angespielt werden.
Kommt der letzte Spieler einer Mannschaft in den Ballbesitz,
hat er die Aufgabe, die andere Mannschaft anzuspielen. Hier
beginnt der gleiche Ablauf und danach wird der Ball wieder
ins andere Halbfeld gespielt. Diese Übung eignet sich hervorragend für die Einleitung des Trainings.

- Nach etwa zwei Minuten wird das Spiel unterbrochen und mit zwei Bällen erneut gestartet. Jede Mannschaft erhält gleichzeitig einen Ball. Diese Übung erfordert für die Bambinis höchste Konzentration. Bei einer Überforderung wird das Spiel relativ schenll abgebrochen.

Diese Trainingsform fördert die kognitiven Fähigkeiten der Kinder und kann öfter ins Training aufgenommen werden. Irgendwann können sie es umsetzen und kommen mit dem Zählen nicht mehr so schnell durcheinander, wenn sich zwei Bälle zwischendurch in einem Feld befinden.

Es werden Vierergruppen gebildet, die sich in ein paar Metern zueinander im Viereck aufstellen.

Die Kinder haben nun die Aufgabe, sich den Ball mit der Innenseite genau zuzuspielen (die Übung darf nur kurz eingesetzt werden, da sie sonst zur Langeweile führt).

Staffellauf

Es erfolgt ein Staffellauf von zwei Mannschaften gegeneinander, die Siegermannschaft darf sich das nächste Spiel oder Übung ausdenken.

Die beiden Mannschaften laufen parallel zueinander, wobei jede die gleiche Strecke von etwa 20 Metern läuft, danach wird die Staffel an den nächsten Läufer gegeben (hier darf natürlich kein harter Staffelstab genommen werden, sondern vielleicht ein großes Band).

Die Schlussläufer müssen über eine Markierung laufen, wie bei einem echten Staffellauf.

Bei einer ungeraden Zahl von Kindern, darf ein Kind das Startkommando abgeben.

Die nächste Übung oder das nächste Spiel bestimmt nun die Siegermannschaft im Staffellauf.

Kinderkegeln

Es werden wieder zwei Mannschaften gebildet. Die zu kegelnde Mannschaft steht starr im Kegelraum. Die Kinder haben die Vorstellung, dass sie echte Kegel sind und werden auch dementsprechend positioniert (einer vorn, zwei dahinter, drei dahinter usw. mit einem Abstand von etwa drei Metern zueinander). Die kegelnde Mannschaft steht mit anderthalb Metern Abstand zum ersten Kegel an einer Markierung, die nicht überschritten werden darf.

Jeder Kegler hat zwei Bälle und rollt sie nacheinander auf die Kegel. Wird ein Kind von einem Ball getroffen, lässt es sich zu Boden fallen (durch den großen Abstand fällt kein Kind ins andere).

Welche Mannschaft trifft die meisten Kegel?
Variation:

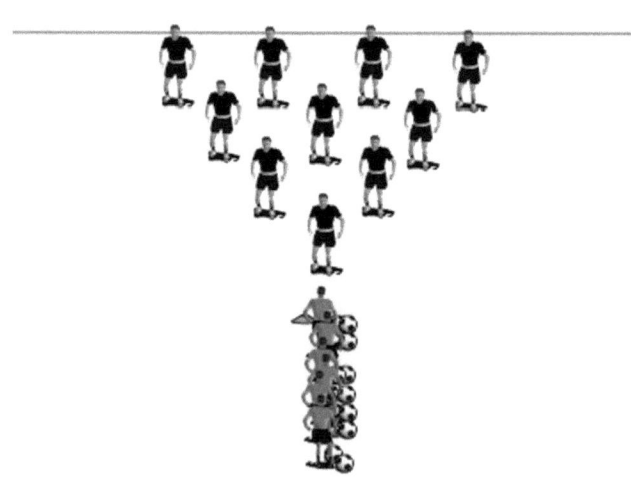

- Der Ball muss mit beiden Händen gleichzeitig gerollt werden.

- Der Ball wird mit dem rechten Fuß geschossen (Innenseitstoß).

- Der Ball wird mit dem linken Fuß geschossen (Innenseitstoß).

- Der Ball wird mit dem rechten Fuß geschossen (Vollspannstoß).

- Der Ball wird mit dem linken Fuß geschossen (Vollspannstoß).

- Wir schießen mit der rechten "Picke".

- Wir schießen mit der linken "Picke".

Wurf- und Schussübungen

Die Kinder befinden sich in einem relativ kleinen abgesteckten Feld. Der Trainer wirft zwei kleine Schaumstoffbälle hinein. Nun sollen sich die Kleinen gegenseitig mit Ball abwerfen. Wer getroffen wurde, muss das Feld verlassen, und der auf den Boden fallende Ball kann von jedem Kind wieder zum nächsten Wurf aufgenommen werden.
Welches Kind bleibt bis zum Schluss im Feld?
Die Übung kann nach dem ersten Durchgang wiederholt werden.

Schussübung

Nach dem Wurfspiel wird die gleiche Übung mit dem Abschießen durch den Fuß gespielt.

Dribbel- und Schussübung

Hier beginnen wir mit einer kleinen Geschichte. Die Kleinen sollen sich vorstellen, sie wurden in einem wichtigen Spiel kurz vor dem Tor gefoult und bekamen keinen Freistoß. Jetzt sind sie richtig sauer, rappeln sich vom Boden auf und schießen mit voller Wucht auf das Tor.

Bei der Übung sieht das folgendermaßen aus:

Ein Bambini dribbelt auf das Tor mit Torwart zu. Der Trainer steht mit einem großen Gymnastikreifen (am besten aus Plastik und einem kantenlosen Ring) etwa 8 Meter vor dem Tor und hält den Reifen leicht senkrecht nach unten fest mit Bodenkontakt. Der kleine Spieler oder die kleine Spielerin passen den Ball durch den Ring und müssen nun auf allen Vieren durch den Reifen krabbeln (sie wurden ja gefoult). Danach sofort aufstehen und den Ball auf das Tor schießen (die Schussnähe zum Tor ist abhängig von der jeweiligen Schusskraft und individuell festzulegen).

Die Übung geht der Reihe nach.

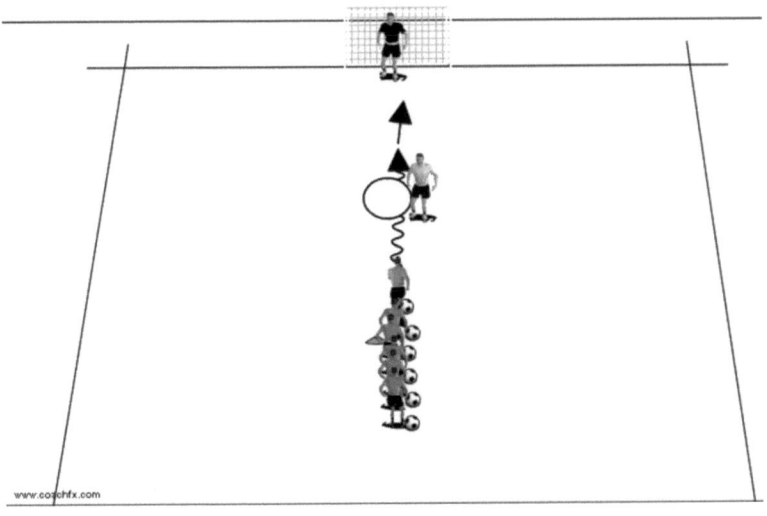

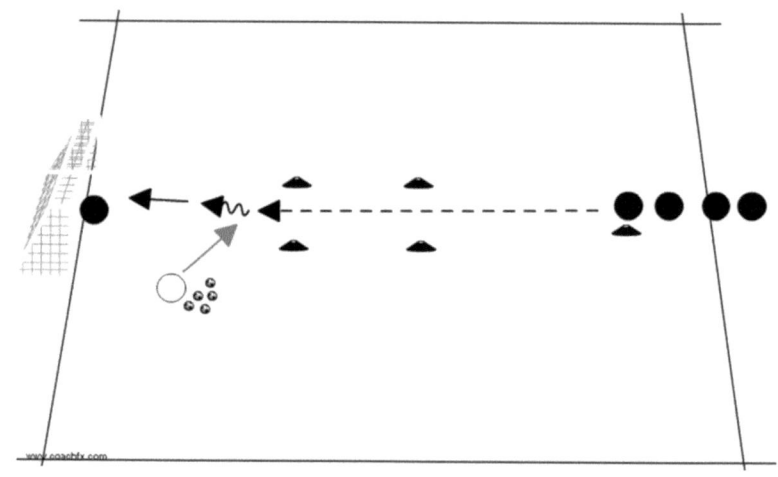

Der Freistoßtrick

Die kleinen Fußballer stehen etwa 15 Meter vom Tor entfernt. Der Trainer oder die Trainerin steht neben dem Tor mit
vielen Bällen (2 bis 3 Meter von der Torauslinie entfernt).
Weiterhin wird ein kleines Rechteck markiert (siehe Abbildung oben). Das erste Kind geht Richtung Rechteck, in diesem fängt es langsam an zu laufen und irgendwann führt der
Trainer oder die Trainerin den Freistoß in Form eines kleinen
Abspiels aus. Das Kind soll nun blitzschnell reagieren und zum
Torerfog kommen. Hierbei kann direkt geschossen werden
oder der Torwart wird ausgespielt. Danach startet der nächste kleine Fußballer. Bei vielen Kindern sollte die Übung an
zwei Stationen gleichzeitig durchgeführt werden.

Die Kavellerie kommt

Es werden zwei kleine Spielfelder mit je zwei Toren markiert. Die Spielfelder sind mindestens 10 Meter voneinander entfernt und seitlich etwas versetzt (siehe untere Abbildung). Für diese Spielform sollten mindestens 16 Spieler vorhanden sein. In diesem Fall werden dann vier Mannschaften mit jeweils vier Spielern gebildet.

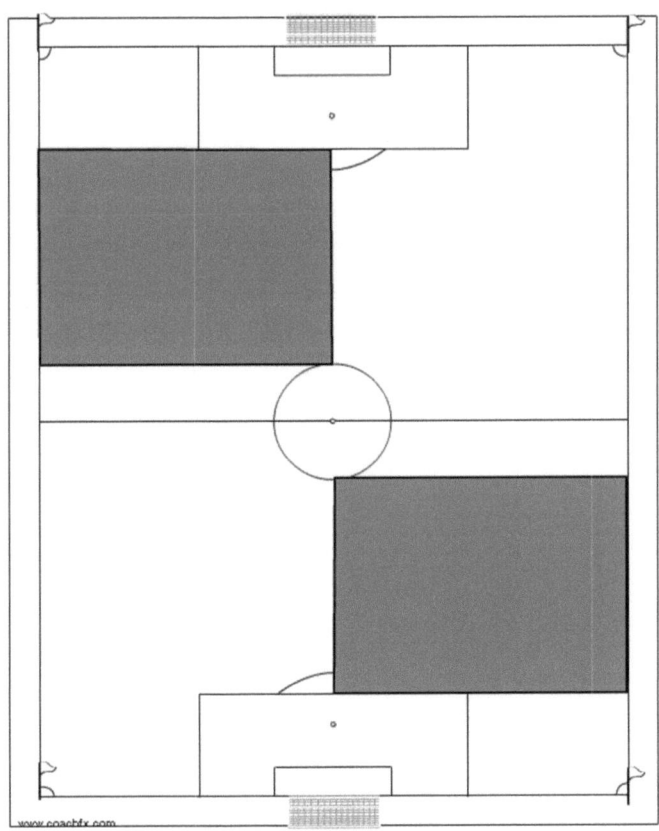

Auf den zwei Spielfeldern beginnen also ganz normal zwei Fußballspiele. Allerdings wurde ihnen vorher mitgeteilt, dass jede Mannschaft eine Kavellerieeinheit ist. Gibt der Trainer oder die Trainerin das Kommando " Die Kavellerie kommt", lassen alle Mannschaften den Ball links liegen, und sollen so schnell wie möglich die Spielfelder tauschen. Dabei sind sie eine Kavellerieeinheit, die das andere Spielfeld besetzen soll. Hierbei ist ein Spieler der Trompeter, der bei dem Spielfeldwechsel das Trompetengeräusch imitiert. Ein anderer Spieler ist der Fahnenträger, der bei dem Wechsel den Arm senkrecht nach oben hält (der Arm soll die Fahne symbolisieren). Die anderen Kavelleristen machen Pferde- oder Hufgeräusche nach. Die Kavellerie ist vollkommen friedlich und besitzt natürlich keine Waffen.

Dieser Wechsel kann drei- bis fünfmal nach jeweils 3 bis 4 Minuten Spielzeit durchgeführt werden. Nach jedem Wechsel wird das Spiel ganz normal fortgesetzt. Sind die Spieler auf dem neuen Feld orientierungslos, hilft die Trainerin oder der Trainer und sagt welche Mannschaft, auf welches Tor spielt.

Schweinchen in der Mitte

In einem relativ kleinen Feld gibt es einen Fänger und Einen, der gefangen werden muss. Die anderen Kinder sitzen in Zweiergruppen eng nebeneinander (mit dem Gesicht in die gleiche Richtung) und gleichmäßig verteilt im Raum. Setzt sich der Gejagte rechtzeitig zu einer Zweiergruppe an den Rand, so dass jetzt alle drei nebeneinander eng zusammensitzen, muss das Kind auf der anderen Außenseite jetzt rechtzeitig aufstehen und weglaufen, weil es die Position des Gejagten einnimmt.

Bei der gebildeten Dreiergruppe muss sich das dritte Kind natürlich auch richtig herumsetzen, d.h. alle schauen in die gleiche Richtung und der Rücken zeigt in die gleiche Richtung. Setzt sich ein Kind falsch hin, darf es trotzdem gefangen werden und wird zum Jäger.

Wird der Gejagte vom Jäger berührt, wird dieser zum Jäger. Das andere Kind setzt sich zu einer Zweiergruppe und bestimmt den nächsten Gejagten an der anderen Außenseite.

Variationen:

Das Fangspiel beginnt mit zwei Jägern und zwei Gejagten.

Die Zweiergruppen sitzen nicht, sondern stehen (siehe Bild nächste Seite).

Fänger und Gejagte müssen gleichzeitig einen Ball führen.

Bemerkung: In der Praxis haben wir dieses Fangspiel noch nicht mit Bambini ausprobiert, bei F-Jugendlichen hat es funktioniert und den Kindern viel Spaß gemacht.

www.coachfx.com

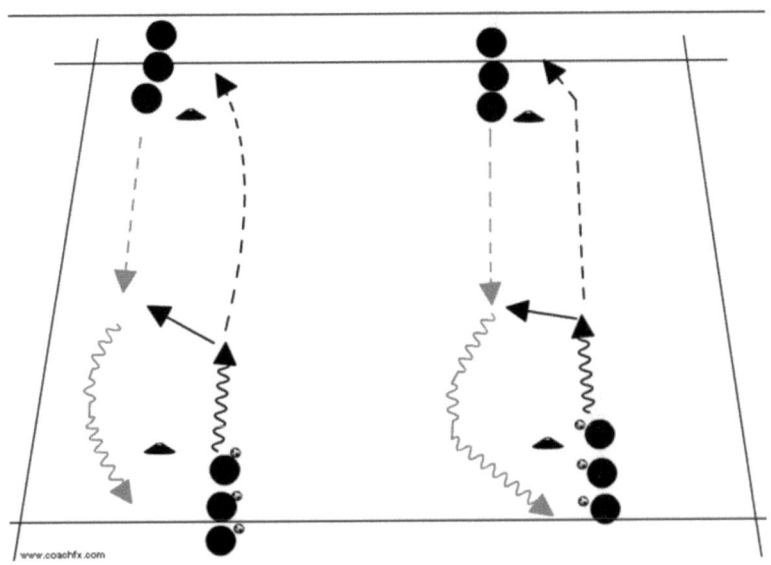

Den Ball Übergeben und Übernehmen wie die Profis

Diese Übung ist besonders für den Einleitungsteil des Trainings geeignet. Zwei Gruppen stellen sich seitlich versetzt gegenüber auf (siehe Abbildung oben). Der Abstand der Gruppen beträgt bei den Bambinis 6 bis 8 Meter. In einer Gruppe besitzt jedes Kind einen Ball. Auf Kommando des Trainers oder der Trainerin läuft jeweils ein Kind jeder Gruppe los. Etwa in der Mitte übergibt das ballführende Kind dem anderen den Ball. Beide schließen sich nun der anderen Gruppe hinten an. Die nächsten Spieler starten usw.

- Der Ball muss mit dem linken Fuß geführt werden.

- Der Ball wird mit beiden Händen getragen und auch so übergeben.

Jeder Durchgang dieser Übung sollte auf etwa zwei Minuten begrenzt werden.

Torschussspiel

Es werden zwei Gruppen gebildet, die sich wieder in Zweiergruppen zusammentun (siehe nächste Abbildung).
In jeder Gruppe wird eine Zweiergruppe zu scheinbar unbesiegbaren Torleuten erklärt. Diese Torleute stellen sich in ein Tor und auf der anderen Seite das Gleiche.

Die Zweiergruppen laufen nun nacheinander mit einem Ball auf die Unbesiegbaren zu und müssen von einer bestimmten Entfernung auf das Tor schießen. Während des Anrennens wird auch abgespielt und der Torschütze bestimmt.

Gelingt das Tor, werden der Torschütze und sein Partner zu den Unbesiegbaren erklärt und übernehmen das Tor, die vorher Unbesiegbaren müssen nun auch auf das Tor anlaufen und wollen natürlich ihren Status zurück.

Es werden hier zwei Gruppen gebildet, die unabhängig voneinander auf ihr Tor schießen, damit die Wartezeiten nicht zu lang werden.

Die Torentfernung wird so gewählt, dass die Unbesiegbaren eine gute Chance haben, die Bälle abzuwehren.

Variation: Die Zweiergruppen müssen nun Hand in Hand auf die Unbesiegbaren zulaufen, und natürlich ein Tor erzielen.
Auch hier soll die Ballführung abgewechselt werden.

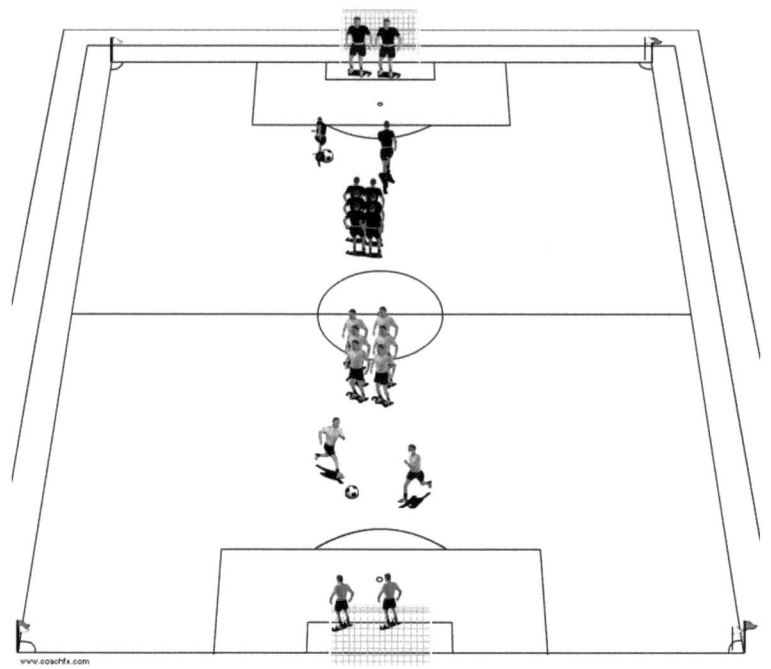

Kartoffelrennen

Wir benötigen für diese Übung vier Esslöffel und zwei Kartoffeln, die optimal in diese Löffel passen.

Es werden zwei Mannschaften gebildet, die die Aufgabe haben, ein Ferkelchen mit der Kartoffel zu füttern. Dafür muss aber jedes Kind einer Mannschaft ein kleines Stück mit der Kartoffel im Löffel laufen oder gehen, die Kartoffel an den Nächsten in den anderen Löffel legen und den eigenen Löffel weiterreichen. Das letzte Kind in der Staffel muss die Kartoffel in eine bestimmte Zone ablegen (z.B. ein ganz klein abgestecktes Feld in dem ein Stofftier, am besten ein Ferkel steht).

Welche Mannschaft füttert sein Ferkel zuerst?

Übungsablauf

Zwei Mannschaften stehen nebeneinander und jeweils fünf Meter von einer Fahnenstange frontal entfernt. Die Startläufer laufen mit dem Löffel in der Hand und der Kartoffel in dem Löffel auf die Fahne zu, dann um die Fahne herum und zurück zum Start. Nachdem sie die Startlinie wieder überschritten haben, dürfen sie die Kartoffel in die Hand nehmen und dem nächsten Läufer in den Löffel legen, der dann losläuft. Der angekommene Läufer übergibt dann seinen Löffel an den übernächsten Läufer usw.

Der letzte Läufer muss dann die Kartoffel bis in die Ferkelzone mit dem Löffel laufen, und darf dann erst die Kartoffel in die

Hand nehmen und beim Ferkel absetzen.

Verliert ein Kind die Kartoffel unterwegs, muss es sie aufheben, in den Löffel legen und darf erst dann weiterlaufen.

Der Trainer oder die Trainerin verdeutlicht den Kindern, dass sie bei einem schnellen Laufen eher die Kartoffel verlieren und damit auch Zeit und eventuell ein langsames Laufen oder sogar Gehen von Vorteil sein kann.

Ferkel will Fußball spielen

Jetzt wird die gleiche Übung durchgeführt, allerdings mit einem Fußball. Die ersten Läufer halten jetzt mit beiden Händen einen Fußball fest, und laufen wieder um die Fahnenstange und übergeben schließlich den Ball an den Nächsten usw.
Der letzte Läufer rennt wieder zum Ferkel und gibt ihm den Ball.

Welche Mannschaft übergibt zuerst dem Ferkel den Ball, damit es Fußball spielen kann?

Ferkel will wieder Fußball spielen

Die zwei Mannschaften treten wieder gegeneinander an, aber jetzt muss der Ball mit dem Fuß geführt werden.

Ferkel wird abgeschossen

Jedes Kind bekommt einen Ball und alle dribbeln gleichzeitig auf ein Tor zu, in dem der Trainer oder die Trainerin steht. Von einer vereinbarten Entfernung schießen alle Kinder gleichzeitig auf das Tor. Nein, sie wollen kein Tor schießen. Sondern, wer trifft das Ferkel zwischen den zwei Pfosten?

Torschussübung

Je ein Spieler der beiden Mannschaften dribbelt auf das Tor zu, in dem wieder der Trainer/in steht und schießen wieder von einer vereinbarten Entfernung auf das Tor. Haben sie geschossen, starten die nächsten Spieler.

Welche Mannschaft schießt die meisten Tore?

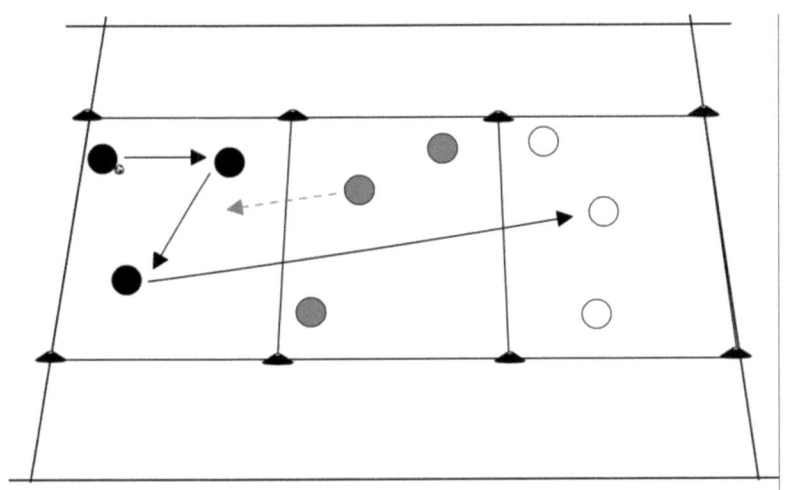

Das Gefängnis

Wir markieren drei Felder nebeneinander. Die Felder sind mit 3m x 5m gleich groß. Insgesamt beträgt das Feld also 5m x 9m. Im mittleren Feld befinden sich drei Gefangene. In den äußeren Feldern sind jeweils drei bis fünf Spieler, ein Feld davon ist in Ballbesitz. Auf Kommando geht das Spiel los. Die Mannschaft in Ballbesitz spielt sich den Ball gegenseitig zu. Spätestens nach dem fünften Pass muss der Ball durch die Mitte in des das andere Spielfeld geschossen werden. Gelingt dieser Seitenwechsel, geht das Spiel dort mit maximal fünf Ballkontakten weiter, bevor die Seite wieder mit einem Pass gewechselt werden muss. Kann einer der Gefangenen einen Ball komplett (berühren reicht nicht) aufhalten, ist seine Gefängniszeit beendet. Er darf das Feld mit Ball verlassen und

der Passgeber muss in den Knast usw.

- Der nächste Durchgang wird auf drei Ballkontakte begrenzt.

- Der Ball muss nun durch das gegnerische Feld mit einer oder beiden Händen gerollt werden. Also spätestens beim dritten oder fünften Ballkontakt nimmt ein Bambini den Ball auf und versucht, den Ball in das andere äußere Feld zu rollen.

Training außerhalb der Sportanlage

Trainingseinheiten außerhalb der Sportanlage sind bei Bambinis und F-Jugendlichen eine willkommene Abwechslung. Denkbar sind hier Veranstaltungen auf einem ausgewählten **Spielplatz** mit einem kleinen Bolzplatz, in einem geeigneten **Tierpark**, nicht nur mit interessanten Tieren, sondern auch mit einem Bolz- und einem Spielplatz, oder in einem **Freibad**.

Wichtig ist hier, dass genügend Eltern als zusätzliche Betreuer dabei sind.

Es wird ein kleines Fußballturnier organisiert und die Kinder, die spielfrei haben, können ungestört unter Aufsicht herumtollen.

Unter Umständen können die Kleinen hier bis zu drei Stunden verbringen, wobei das Fußballturnier wesentlich kürzer ist.

Genügend Getränke und kleine Knabbereien müssen natürlich dabei sein.

Noch einmal zur Erinnerung:

Die Getränke sollten überwiegend Apfelschorle und Wasser sein. Hier hat der Trainer oder die Trainerin eine Vorbildfunktion auch für die Eltern, süße Limonaden in großer Menge sind schädlich für Kinder (allein schon wegen hoher Kariesgefahr).

Die Knabbereien könnten aus Obst, Plätzchen (nicht zu süß), Butterbroten, Brötchen usw. zusammengestellt werden.

Wettkampf mit den Delfinen

Zwei Mannschaften stehen nebeneinander und jeweils fünf
Meter von der Fahnenstange frontal entfernt. Weitere fünf
Meter entfernt wird ein kleines Feld abgesteckt. Dieses Feld
soll eine Insel darstellen. Auf dieser kleinen Insel befinden
sich Fußbälle, entsprechend der Mannschaftsstärke. Besteht
eine Mannschaft aus sechs Spielern, sins also sechs Bälle auf
der Insel. Welche Mannschaft schafft zuerst alle Bälle auf das
sichere Festland? Aber die Mannschaften starten nicht nur
gegeneinander, sollen sie sollen sich vorstellen, dass im Wasser Delfine sind, die auch die Bälle haben wollen. Auf dem
Weg zur Insel und zurück darf natürlich nur geschwommen

werden. Eine Mannschaft besteht dabei nur aus Kraulern, die andere aus Brustschwimmern. Auf Kommando starten die ersten beiden Schwimmer. Mit den Beinen wird narürlich normal gesprintet, mit den Armen geschwommen, entsprechend der zugeteilten Schwimmtechnik. Auf der Insel wird sich der Ball geschnappt, mit einer Hand gehalten und mit der anderen Hand bzw. Arm wird zurückgeschwommen. Wird der Ball auf dem sicheren Festland abgelegt, darf der nächste Schwimmer starten.

Lässt ein Schwimmer den Ball aber ins "Wasser" fallen, gehört dieser Ball den Delfinen. Er muss nun wieder zur Insel zurückschwimmen und einen neuen Ball aufnehmen. Die Trainerin oder der Trainer spielt nun einen Delfin, und schnappt sich den verlorenen Ball. Aber der Delfin hat doch Mitleid mit der Mannschaft, und bringt den Ball zurück auf die entsprechende Insel. Jetzt kann diese Mannschaft doch noch die Staffel gewinnen, weil wieder alle Bälle da sind.

Welche Mannschaft hat zuerst alle Bälle sicher auf das festland gebracht?.

Folgende Variationen:
1. Jeder darf die Schwimmtechnik selber wählen.
2. Jetzt muss auf beiden Wegen einmal um die Fahne geschwommen werden, da ein Delfin kurzzeitig den Weg versperrt.
3. Auf dem Rückweg ist die Ebbe da. Nun muss der Ball mit den Füßen durch das Watt zurückgedribbelt werden.
4. Zusätzlich wird jetzt einmal um die Fahne geschwommen (360 Grad), auf dem Rückweg einmal um die Fahne gedribbelt.

Schattenlauf

Es wird ein Quadrat abgesteckt, in denen sich Paare bilden, von denen jeweils einer als Schattengeber und der andere als Schatten bestimmt wird. Der Schattengeber läuft los und erfüllt verschiedene Aufgaben, wie z.B. rückwärtslaufen hüpfen, etc. Der Schatten läuft hinterher und macht alle Bewegungen des Schattengebers nach.

Handball

Es werden 2 Mannschaften gebildet, die im Quadrat auf Minitore Handball spielen.
Hier kann auch gleichzeitig mit mehreren Bällen gespielt werden. Nach einiger Zeit wird aus dem Handballspiel ein Fußballspiel und danach wieder ein Handballspiel und so weiter. Diese Übung eignet sich auch sehr gut als **Hallentraining**. Beim Handball verwenden wir Schaumstoffbälle.

Weltreise

Ein ca. 10 x 10 Meter großes Quadrat einrichten.
Dieses Quadrat stellt Europa dar. 5 weitere kleine Felder einrichten, die die übrigen Kontinente darstellen. Alle Spieler befinden sich mit Ball in Europa Siehe Abbildung nächste Seite).

Auf ein Trainerkommando beginnt die Weltreise, indem die Kinder in einen beliebigen Kontinent dribbeln und wieder zurück. Welches Kind beendet die Weltreise als Erstes?

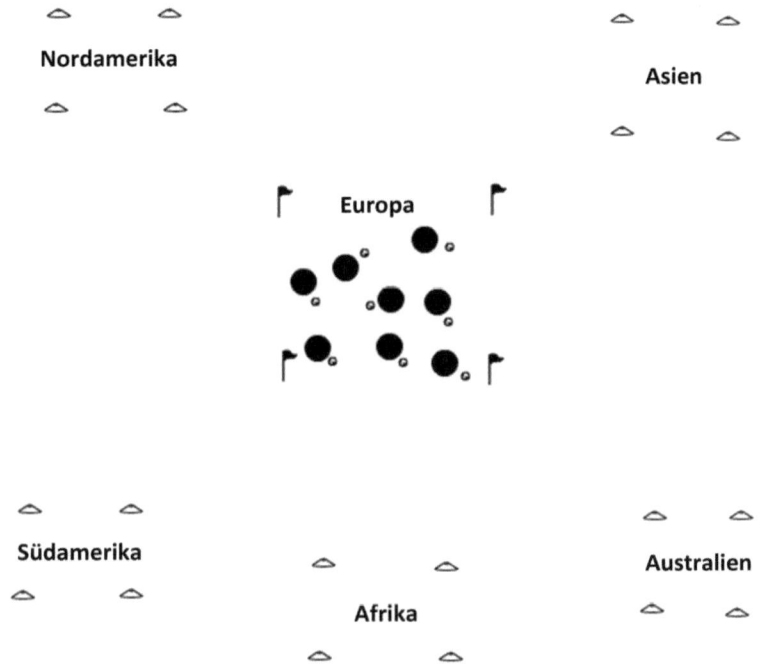

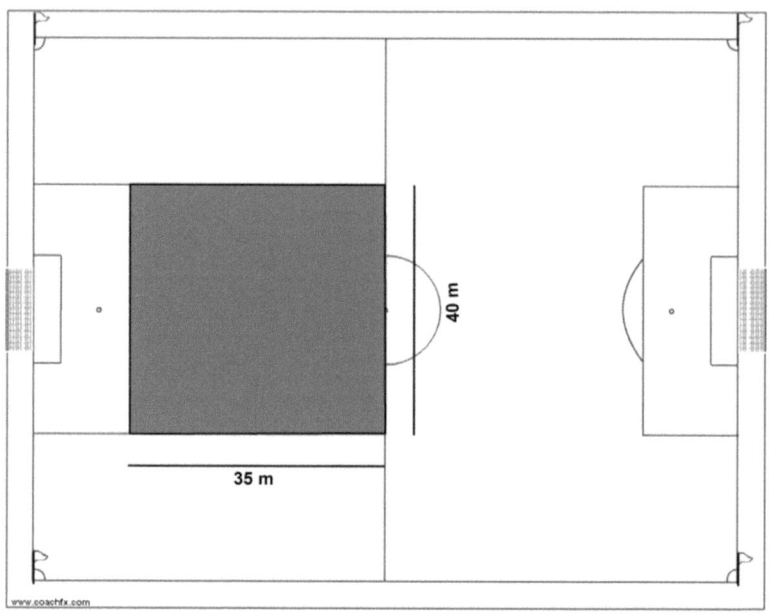

Spieletag

1. Wir haben mindestens 12 Bambinis beim Training und markieren ein Spielfeld mit 35m x 40m. Zunächst spielen zwei Mannschaften ohne Tore gegeneinander. Ziel ist es dabei für jede Mannschaft, solange wie möglich in Ballbesitz zu bleiben. Hierbei sollen die kleinen Fußballer auch fleißig abspielen. Begrenzt wird das Spiel auf maximal fünf Minuten. Die Praxis zeigt, dass das Einbeziehen der Mitspieler doch sehr schwer fällt, und diese Spielform dadurch schnell Langeweile verursacht. Allerdings verbessert sich diese Situation bei regelmäßigem Einsatz in den Trainingseinheiten. Die Trainerin oder der Trainer sollte immer wieder auf das schnelle Abspiel hinweisen.

2. Jetzt folgt ein normales Spiel auf zwei Toren. Die Spieldauer beträgt 2 x 10 Minuten. Das Spiel wird nach offiziellen Regeln geführt.

3. Als letztes erfolgt ein Spiel auf vier Tore (2 x 10 Minuten) mit vier Torleuten (siehe untere Abbildung).

www.coachfx.com

Blinder Floh

Es wird ein nicht zu großes Quadrat abgesteckt. Alle Spieler sind Flöhe und dürfen sich nur hüpfend bewegen. Ein Spieler wird als „blinder Floh" bestimmt und bekommt die Augen verbunden. Ziel des blinden Flohs ist es, einen anderen Floh zu fangen. Im Gegensatz zu den anderen Flöhen darf der blinde Floh so oft hüpfen, wie er will. Die anderen dürfen nur 5- oder 10-mal hüpfen. Wird ein Floh gefangen, wird er zum blinden Floh.

Der weiße Hai

Die Spieler schwimmen im Atlantik (linkes Viereck) und machen dabei liegend Schwimmbewegungen. Der Trainer ruft: "Der Hai" und alle stehen so schnell wie möglich auf und laufen zum rettenden Ufer (rechtes Viereck).

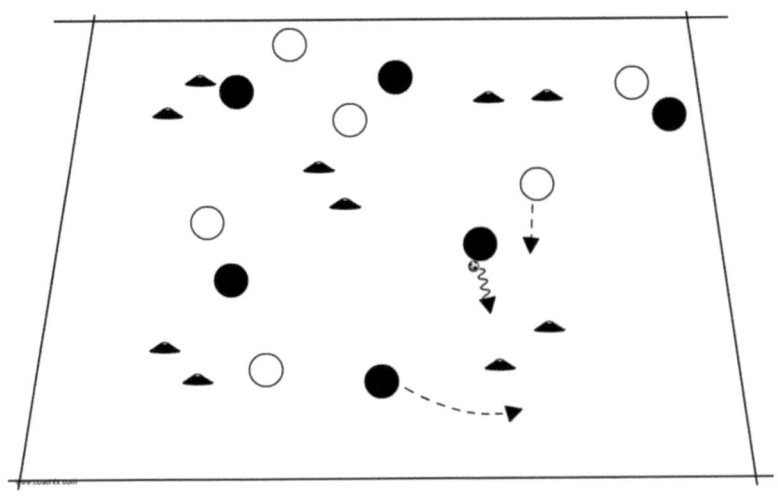

Wer schafft die meisten Tore?

In einem Feld von etwa 10m x 10m werden mehrere Tore mit Pylonen aufgebaut. Die Torlinie beträgt ungefähr einen Meter. Jedes Kind bekommt einen Ball und soll diesen eng am Fuß durch das Spielfeld führen. Hierbei sollen viele Tore erzielt werden. Jedes Mal wenn der Ball durch ein Pylonentor geführt wird, erhält der betreffende kleine Fußballer einen Punkt. Ein Pylonentor darf nicht zweimal hintereinander benutzt werden. Wer schafft nach einer Minute die meisten Treffer?

Im zweiten Durchgang werden Paare gebildet. Jedes Paar ist in Besitz eines Balles. Diesmal zählen die Treffer nur, wenn

ein Spieler den Ball durch ein Pylonentor schießt und sein Partner hinter der Torlinie den Ball annimmt.
Welches Paar erzielt nach einer Minute die meisten Tore?

- Der Ball muss mit dem linken Fuß durch das Tor geschossen werden.

- Der Ball wird getragen und soll zum Partner durch das Tor gerollt werden.

Befreit die Fußballer

In einem kleinen Viereck, eine Gefängniszelle, befinden sich eingesperrte Fußballer, die befreit werden müssen. Dies ist aber nur möglich, wenn sie mit einem Ball in die Zelle hinein angespielt werden (siehe obere Abbildung).

Die Zelle wird aber von zwei bis drei Polizisten bewacht. Sie sollen das Anspiel auf die Gefangenen verhindern. Die Befreier sind in Ballbesitz, und haben die Aufgabe einen Gefangenen in der Zelle anzuspielen. Haben sie dies geschafft, darf der Angespielte die Zelle mit Ball verlassen.

Kommen die Politisten in Ballbesitz, haben sie die Aufgabe,

den Ball aus dem Spielfeld ins "Aus" zu schießen. Gelingt dies, rollt der Trainer oder die Trainerin den Befreiern einen neuen Ball zu. Ein neuer Befreiungsversuch wird gestartet. Das Spiel endet natürlich, wenn alle Insassen befreit sind.
Die Befreiten beteiligen sich an den Rettungsversuchen. Sie spielen nun gegen die Polizisten mit.

Variation: Die Polizisten spielen den eroberten Ball nicht ins "Aus". Sie bleiben nun in Ballbesitz, und sollen sich den Ball gegenseitig zuspielen oder dribbeln.
Die Befreier müssen nun den Ball zurückerobern, um ein An-spiel an die Gefangenen zu ermöglichen.
Alle anderen Regeln bleiben gleich. Bei dieser Variante sollten aber mindestens drei Polizisten eingesetzt werden.

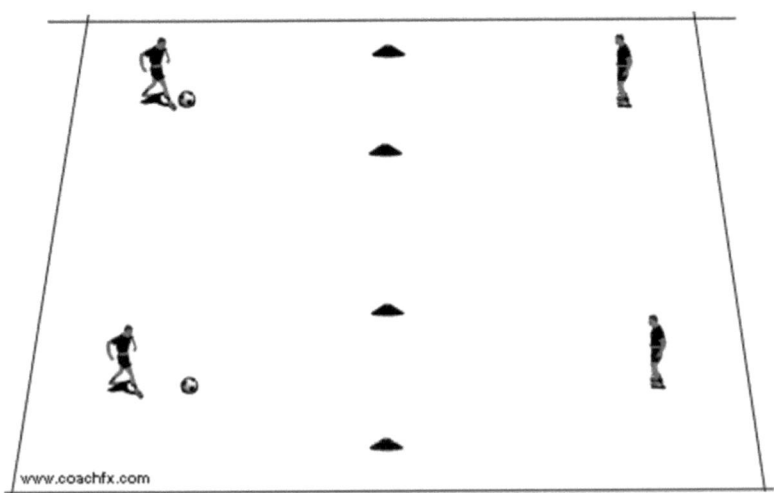

www.coachfx.com

Das schrumpfende Tor

Es wird wieder eine Paarbildung vorgenommen. Die Zweier-gruppen stehen sich mit einer Entfernung von 5 bis 6 Metern gegenüber. In der Mitte befindet sich ein Pylonentor von et-wa 2 Metern Länge (siehe Abbildung oben).
Die kurze Distanz wird gewählt, weil die Bambinis eine sehr geringe Schusskraft besitzen. Der genaue Ort des Schusses wird markiert, damit die Entfernung zum Tor für alle Kinder gleich ist. Am Anfang sind zum Beispiel alle Kinder auf der lin-ken Seite in Ballbesitz. Auf Kommando des Trainers oder der Trainerin versuchen alle Kinder, ein Tor zu erzielen. Danach holt das Kind auf der anderen Seite den Ball und legt diesen

119

auf seine Schussmarkierung. Nun startet der Partner mit seinem Schussversuch. Treffer zählen nur, wenn der Ball die Torlinie komplett überschreitet und die Pylone nicht berührt wird. Nach jeweils einigen Torschüssen verkleinert der Trainer oder die Trainerin das Tor immer weiter (Mindestgröße von 60 cm sollte nicht unterschritten werden).
Schließlich wird die Übung beendet.
Welche Gruppe hat die meisten Tore erzielt?

- Es wird nur mit dem linken Fuß geschossen.

- Wir rollen den Ball mit beiden Händen.

- Der Ball wird nur mit einer Hand gerollt.

- Der Ball wird mit beiden Händen geworfen.

- Der Ball wird mit einer Hand geworfen.

Schuss- und Laufübung/Geschicklichkeit

Die Handballtore werden aufgebaut (wir brauchen hier mindestens zwei zusätzliche Betreuer, während der Trainer die Übung erklärt).

Die Tore müssen absolut feststehen, und beim Aufbau darf kein kleiner Fußballer in der Nähe sein. Ein umfallendes Handballtor kann für die Kleinen lebensgefährlich sein.

Zu beiden Toren wird ein Hindernisparcour aufgebaut, bestehend aus Fahnenstangen, Turnmatten und einer Hochsprungmatte.

Von der Hallenmitte aus werden zuerst hintereinander vier Fahnenstangen in einem Abstand von einem Meter aufgebaut, dann folgen zwei Turnmatten hintereinander und ohne Abstand in Längsrichtung aneinander gelegt und zum Schluss die Hochsprungmatte auch in Längsrichtung und ohne Abstand zu den Turnmatten.

Das Gleiche wird in Richtung des anderen Tores aufgebaut.

Ca. zwei Meter von der Hochsprungmatte entfernt liegen sehr viele Bälle nebeneinander (siehe Grafik).

Der Abstand von dem Tor zu den Bällen wird so gewählt, dass es nicht unbedingt leicht für die Kleinen ist, das Tor zu treffen.

Die Bälle sind Gymnastikbälle, Volleybälle, Handbälle und Fußbälle (in diesem Alter können die Kinder nicht so hart schießen, dass die Nicht-Fußbälle einen Schaden erleiden).

Schuss- und Laufübung/Geschicklichkeit

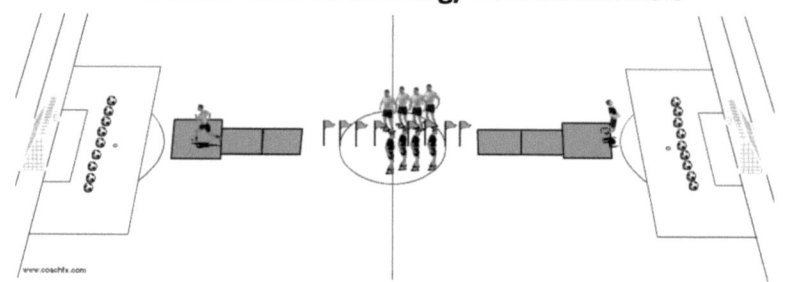

Die Kinder werden in zwei Gruppen eingeteilt und der Trainer erzählt folgende Geschichte zu dem bevorstehenden Wettkampf:

Der Ball liegt vor dem gegnerischen Tor und kein Torwart ist in der Nähe. Du kannst den Ball erreichen und auf das Tor schießen, aber der Weg dorthin ist beschwerlich. Zuerst musst du im Slalom durch die Abwehrfront laufen (Fahnenstangen), dann über sandigen Untergrund (Turnmatten), schließlich durch stark aufgeweichten Boden (Hochsprungmatte) und zum Schluss musst du einen kleinen Sprung von einem Minihügel machen (Hochsprungmattenkante), noch einige Schritte laufen und ins leere Tor schießen.

Du darfst aber immer nur einen Ball schießen und keinen anderen Ball berühren, sonst scheidet dieser für den weiteren Wettkampf aus.

Genauer Ablauf:

Auf Kommando laufen die ersten beiden Kinder los. In jeder Mannschaft stehen sie hintereinander. Wenn der Ball geschossen worden ist, läuft das nächste Kind los. Nach dem Torschuss wird zurückgelaufen und sich hinten wieder angestellt.

Der Wettkampf ist beendet, wenn beide Mannschaften alle Bälle geschossen haben.

Die schnellere Mannschaft bekommt einen Punkt Bonus.

Dann werden alle Bälle im Tor gezählt, und die Mannschaft mit den meisten Punkten hat gewonnen.

Dribbel- und Torschussübung/Geschicklichkeit

Die Hochsprungmatten werden schnell entfernt und die Turnmatten parallel mit der Längsseite nebeneinander gelegt, allerdings mit einem Abstand von 50 Zentimetern. Die Fahnenstangen stehen davor in gleicher Form. Der Aufbau erfolgt auf beiden Seiten (siehe Abbildung nächste Seite).

Dribbel- und Torschussübung/Geschicklichkeit

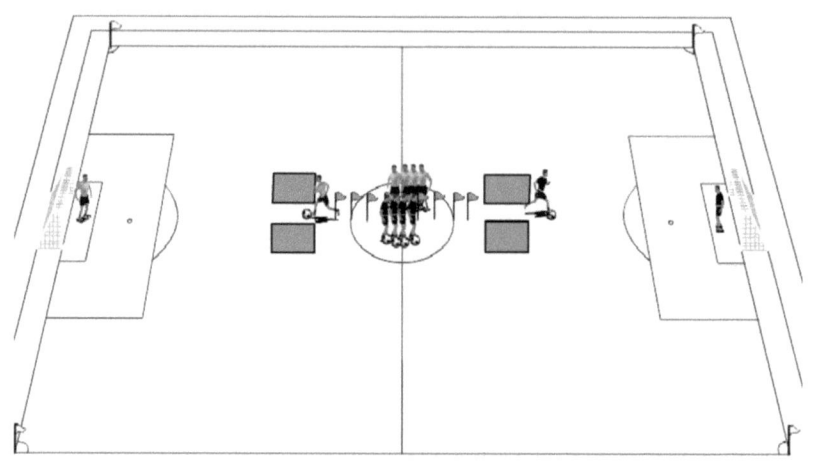

Ablauf:

Jede Mannschaft legt einen Torwart fest, der beliebig ausgetauscht werden kann.

Die Übung ist kein Wettkampf, sondern reines Training. Die Spieler laufen mit Ball an, dribbeln durch die Fahnenstangen, führen den Ball geschickt durch den Mattenkanal und ziehen auf das Tor ab (Abstand zum Tor der Schusskraft anpassen). Erst nach dem Torschuss läuft der nächste Schütze los, damit der Torwart genügend Zeit hat, den Ball aus dem Spiel zu bringen.

Nach dem Schuss wird sich hinten wieder angestellt.

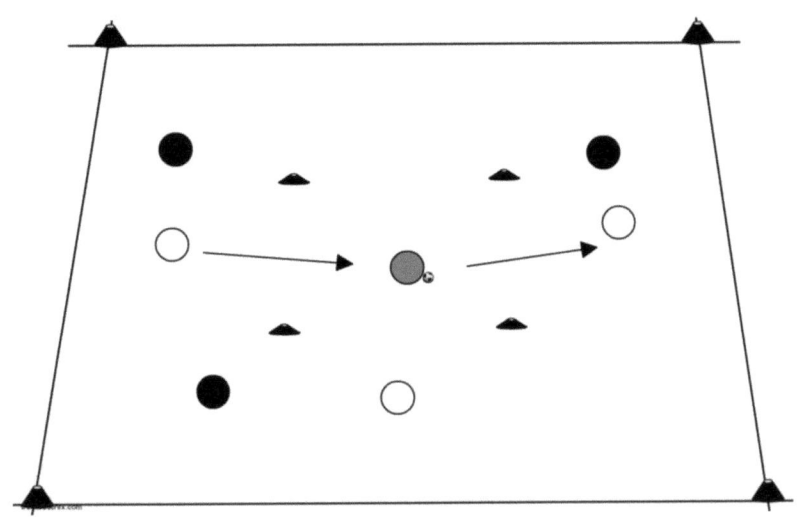

König/in der vielen Ballkontakte

Wir markieren ein kleines Quadrat von etwa 2m x 2m. In diesem Quadrat befindet sich ein kleiner Fußballer. An jeder Seite des Quadrates steht ein Mitspieler mit Ball. Zusätzliche
Reservespieler befinden sich ganz in der Nähe. Wir denken an
die geringe Schusskraft der Bambinis. Deswegen beträgt die
Entfernung zwischen König/in der Ballkontakte und der Mitspieler 3 bis 4 Meter. Ein Spieler spielt nun den zentralen
Spieler an, dieser spielt den Ball nach der Annahme zurück.
Der zentrale Spieler dreht sich nun um 90 Grad und wird wieder angespielt usw. Der König oder die Königin der vielen
Ballkontakte und die Mitspieler werden regelmäßig durch

Reservespieler ausgetauscht. Dieses Spiel macht vor allem den zentralen Spieler viel Freude, weshalb jedes Kind einmal im kleinen Quadrat spielen darf.

- Wer schafft es, den Ball direkt zu den Außenspielern zu passen?

- Der Ball darf vom zentralen Spieler nur mit dem linken Fuß geschossen werden.

- Der Ball darf von allen Beteiligten nur mit beiden Händen gerollt werden.

- Der Ball darf nur mit einer Hand gerollt werden.

1 gegen 1 und 2 gegen 2

Übungsaufbau und Ablauf: siehe Grafik

2 Teams bilden, die sich jeweils neben dem Tor aufstellen. Jeder Spieler erhält eine Nummer.

Der Trainer ruft eine oder 2 Nummern auf und wirft einen Ball ins Spielfeld.

Die aufgerufenen Spieler starten ins Spielfeld, und versuchen ein Tor zu erzielen.

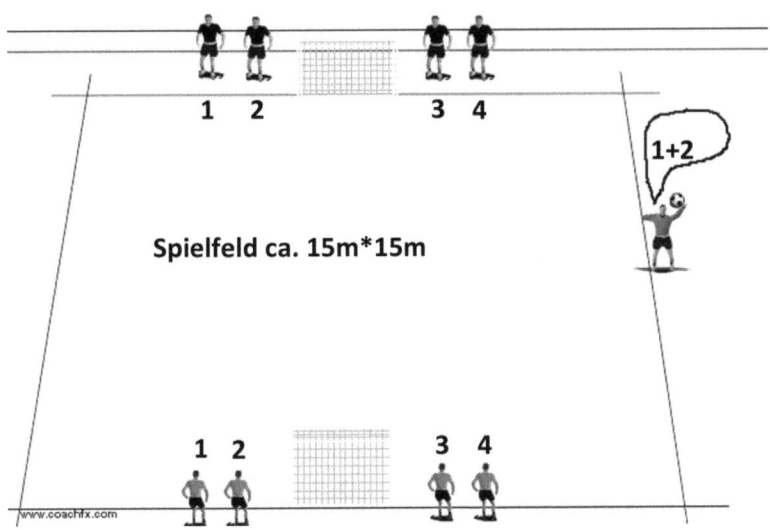

Unterzahl- und Überzahlsituationen

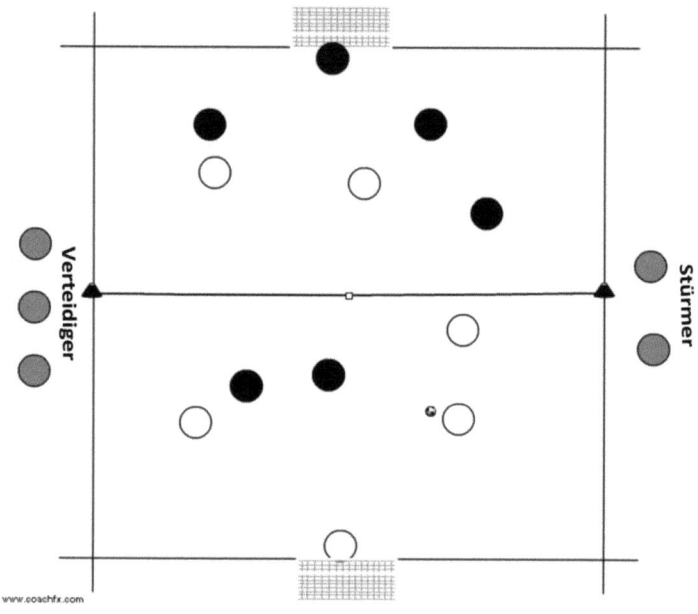

Übungsaufbau: siehe Grafik

Übungsablauf:

Es wird in einem Kleinfeld 5 : 5 gespielt (oder andere Spielstärken). Vorab werden bei jeder Mannschaft 3 Verteidiger und 2 Stürmer benannt, die sich nur in der jeweiligen Spielfeldhälfte aufhalten dürfen. Nach einer bestimmten Zeit, z.B. nach einem Tor, ruft der Trainer „schwarz raus und grau rein". Blitzschnell soll nun die eine Mannschaft das Feld verlassen und das graue Team nimmt deren Platz ein. Nach einigen Minuten wechseln dann das weiße und das schwarze Team usw.

Nummernspiel

Ein ca. 10 x 10 Meter großes Quadrat einrichten, indem sich alle Spieler mit Ball befinden. Außerhalb des Quadrats befinden sich 2 Tore mit Torhütern (siehe Grafik).
2 gleichgroße Mannschaften bilden und jedem Spieler eine Zahl zuweisen (bei einer Mannschaftsstärke von 5 Spielern, die Zahlen von 1-5). Die Spieler dribbeln frei im Quadrat. Der Trainer ruft eine Zahl. Die aufgerufenen Spieler starten ins Spielfeld und versuchen ein Tor zu erzielen.

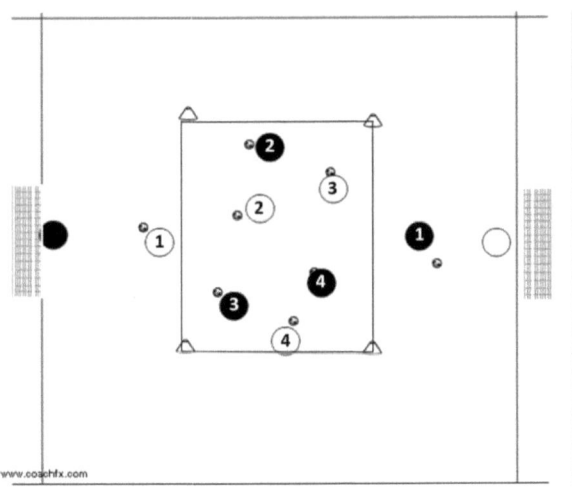

- Nun muss der Ball mit dem linken Fuß ins Tor geschossen werden.

- Der Torwart muss umspielt werden.

Weitere komplexere Variationen werden auf der nächsten Seite beschrieben.

Ein Stürmer soll bedient werden

Variation: Nun spielen zwei Mannschaften in dem kleinen Quadrat gegeneinander. Der Ball soll lediglich so lange wie möglich in den eigenen Reihen gehalten werden.

An einer Torseite des Quadrats wartet aber ein Stürmer der einen Mannschaft, auf der anderen Torseite ein Stürmer der anderen Mannschaft. Es gibt also die Mannschat "1" und die Mannschaft "2".

Ruft der Trainer/in nun Mannschaft "1", soll diese ihren Stürmer aus dem Quadrat heraus anspielen (haben sie den Ball noch nicht, muss er zuvor erkämpft werden). Dieser soll nun im Kampf, ein Stürmer gegen einen Torwart, ein Tor für seine Mannschaft erzielen.

Nach dieser Aktion rollt die Trainerin oder der Trainer erneut einen Ball in das kleine Quadrat, und die kleine Spielform geht weiter. Die Rollen Feldspieler, Stürmer und Torwart werden regelmäßig getauscht.

Variation: Die Übung wird wiederholt, aber jetzt spielen außerhalb des Quadrats zwei Stürmer gegen einen Abwehrspieler und Torwart.

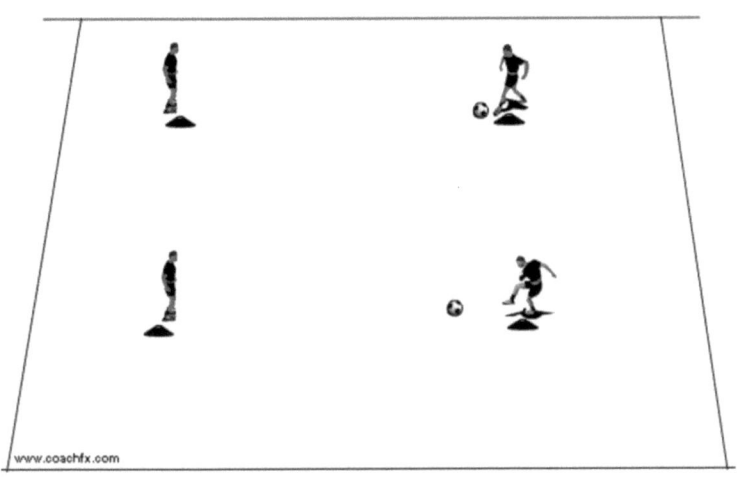

Tipp-Kick Finale

Wer gewinnt das Tipp-Kick Spiel? Zunächst werden Zweiergruppen gebildet. Bei einer ungeraden Anzahl von Spielern
wird eine Dreiergruppe bestimmt, die dann in einem Durchgang zweimal antreten muss. Die Zweiergruppen stehen sich
in einer Entfernung von etwa 4 Metern gegenüber. Eine Seite
ist in Ballbesitz, die immer ausgelost werden muss, da der
erste Ballbesitz einen enormen Vorteil bedeutet.
Das Kind ohne Ball steht mit geschlossenen Beinen da und
darf sich nicht bewegen. Auf Kommando des Trainers oder
der Trainerin versuchen die anderen Kinder, sie mit einem
Flachschuss der Innenseite an den Füßen oder

Unterschenkel zu treffen. Trifft der Schütze nicht, darf das andere Kind nun schießen. Bei einem Treffer scheidet das entsprechende Kind aus. Haben alle Zweiergruppen ihren Durchgang beendet, werden neue gebildet und die nächste Runde wird gestartet.

Tipp-Kick König ist natürlich der kleine Fußballer, der zuletzt übrig bleibt. Dieses Spiel macht den Bambinis in der Regel großen Spaß, weshalb zwei bis vier Durchgänge gespielt werden können.

- Es darf nur mit dem linken Fuß geschossen werden.

- Es darf nur mit dem Vollspann geschossen werden.

- Es darf nur mit dem linken Vollspann geschossen werden.

- Der Ball muss mit beiden Händen gerollt werden.

- Der Ball wird mit einer Hand gerollt.

- Die Kinder dürfen sich hinstellen, wie sie möchten. Sie dürfen sich aber trotzdem nicht bewegen. Sie dürfen z.B. die Füße hintereinander stellen und verkleinern damit die Angriffsfläche oder stellen sich sogar nur auf ein Bein usw.

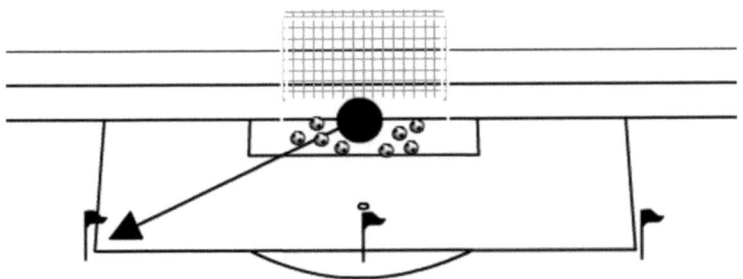

Torwarttraining wie die Profis

Der Trainer oder die Trainerin möchte als Torwart trainiert werden und bittet die Bambinis um Hilfe. Die Kinder positionieren sich zum Beispiel hintereinander an den drei Fahnenstangen. Die Entfernung zum Tor beträgt allerdings nur sechs Meter. Der Trainer oder die Trainerin steht im Tor mit vielen Bällen. Der erste Ball wird zu einem kleinen Fußballer leicht gerollt, der läuft dem Ball entgegen und schießt sofort auf das Tor. So schnell wie möglich wird der Ball zur nächsten Gruppe gerollt usw. Hierbei macht der Trainer oder die Trainerin spektakuläre Paraden, fliegt auch einmal im hohen Bogen über den Ball oder versucht den Ball wegzuschießen und tritt dabei über den Ball. Der Spaß der Kinder ist garantiert.

- Die Kinder sollen mit dem linken Fuß schießen.

- Innenseite mit dem linken Fuß

- Innenseite mit dem rechten Fuß

- Vollspann mit dem rechten Fuß

- Vollspann mit dem linken Fuß

- Auch die Picke kann mal versucht werden. Hierbei wird den Bambinis erklärt, dass es Situationen gibt, wo diese Technik angewendet werden muss. Auch Profi-Fußballer haben schon mit dieser "Techink" so manches Tor erzielt.

Je nach Spaßfaktor begrenzen wir die Übungszeit auf 2 bis 4 Minuten.

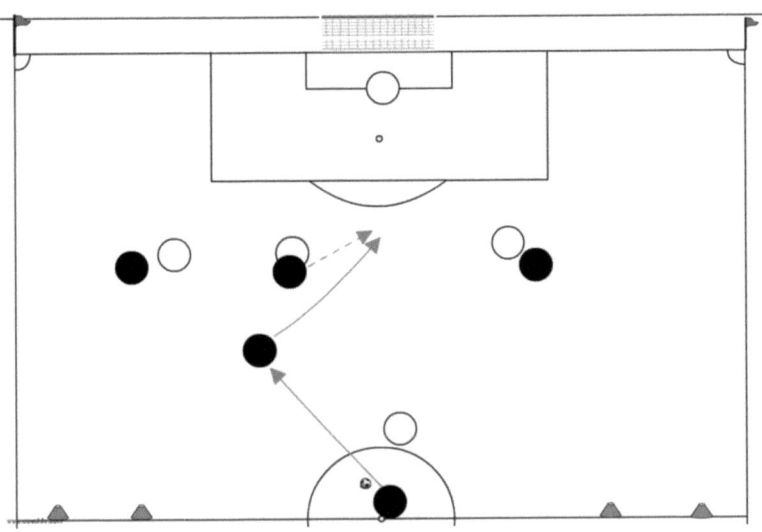

Wettspiel der anderen Form

Wir markieren ein Spielfeld von 20m x 20m. An einer Torlinie befinden sich zwei Minitore, auf der anderen Seite ein Jugendtor. Die Bambinis spielen zum Beispiel ein 5 gegen 5 oder 6 gegen 6. Die Mannschaft mit dem Jugendtor hat aber einen Feldspieler weniger, da sie mit einem festen Torwart spielt. Der Torwart stellt hier die "Hauptperson" dar, weil vermutlich jeder mal Torwart mit richtigen Torwarthandschuhen spielen will. Die Position des Torwarts wird deshalb regelmäßig gewechselt. Wir spielen auch mit zwei Halbzeiten, damit die andere Mannschaft auch mit festem Keeper spielen darf.

- Das Jugendtor wird mit zwei Keepern verteidigt.

- Wir spielen mit fliegendem Torwart, d.h. der "letzte Mann" ist automatisch Torwart.

- Wir spielen nur mit einem Minitor und einem Jugendtor.

- Wir spielen auf einem Jugendtor auf jeder Seite.

- Wir spielen mit insgesamt mit vier Minitoren.

- Wir spielen mit insgesamt vier Jugendtoren und mit bis zu acht Torleuten (interssant bei vielen Bambinis, die bei einem Training zur Verfügung stehen).

Bambini-Olympiade

Wir führen eine Bambini-Olympiade mit diversen 10m Sprints und einer Siegerehrung durch. Hierzu brauchen wir mindestens drei Betreuer/innen oder Trainer/innen und drei Stoppuhren. Die Wettbewerbe werden an drei Stationen gleichzeitig durchgeführt.

1. Station: Es wird ein 10m Sprint gestoppt.

2. Station: Es wird ein 10m Sprint gestoppt, wobei gleichzeitig ein Ball am Fuß geführt werden muss.

3. Station: Es wird ein 10m Sprint gestoppt und gleichzeitig ein Ball mit beiden Händen getragen.

Die drei Zeiten werden anschließend addiert und der Sieger ermittelt. Auch der zweite Sieger wird errechnet, alle anderen Kinder werden auf den dritten Platz gewertet (kein Kind soll sich bei dieser Olympiade als Verlierer fühlen).

Bei der Siegerehrung können zum Beispiel kleine Medaillen verteilt werden.

Es empfiehlt sich ohne Reaktionszeit zu stoppen, d.h. die Kinder laufen einfach los und der Trainer oder die Trainerin setzt daraufhin sofort die Stoppuhr in Gang.

Olympiavariationen

- Es werden alle Strecken auf 20m erhöht.

- Die drei Stationen werden mit unterschiedlichen Streckenlängen durchgeführt.

- Bei einer Station muss ein Löffel mit einer Kartoffel beim Laufen geführt werden. Hier werden drei Versuche absolviert und die beste Zeit gewertet. Fällt die Kartoffel vom Löffel, wird dieser Durchgang nicht gewertet.

Tipp: Vermeidet bei Kindern Übungen und Wettkämpfe mit Rückwärtslaufen.
Beim Fallen und Stolpern können besonders auf hartem Untergrund gefährliche Verletzungen daraus resultieren.

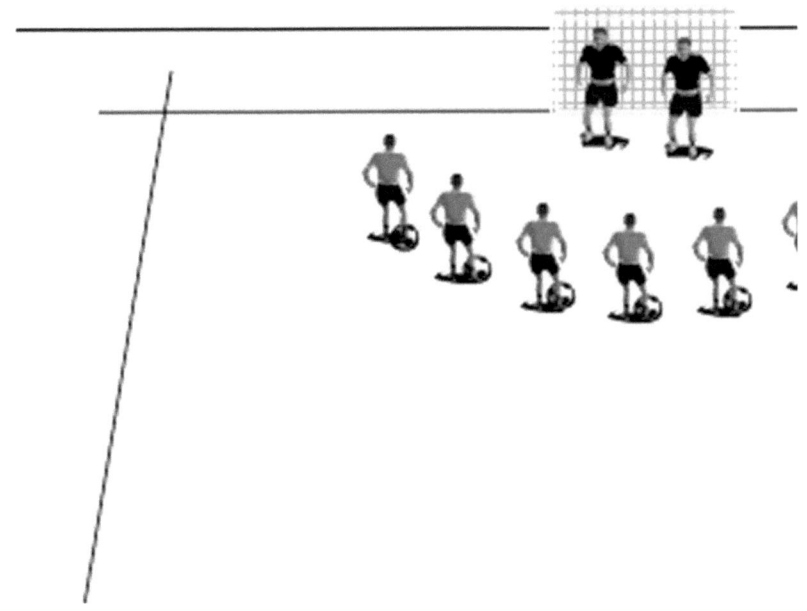

Die ABC-Schützen

Zunächst steht nur ein Trainer oder eine Trainerin im Tor. Die Kinder versammeln sich nebeneinander vor dem Tor und jedes Kind besitzt einen Ball. Die Torentfernung beträgt etwa acht Meter. Die Bambinis bekommen nun in alphabetischer Reihenfolge jeweils einen Buchstaben zugeordnet, bei zehn Kindern also A, B, C , D, E, F, G, H, I und J.

Nun ruft die Trainerin oder der Trainer z.B. den Buchstaben "G" und der entsprechende Schütze oder die Schützin läuft auf das Tor zu und versucht, einen Treffer zu erzielen. Danach wird der nächste Buchstabe aufgerufen usw. Die Kinder lernen also nebenbei auch noch ein wenig das Alphabet.

Der Trainer oder die Trainerin sind natürlich nur teilaktiv, damit die kleinen Fußballer auch ihren Torerfolg feiern können. Damit keine Langeweile aufkommt, wird der Schwierigkeitsgrad natürlich schnell erhöht.

- Es werden zwei Buchstaben gleichzeitig aufgerufen. Nun laufen zwei Kinder mit ihrem Ball sofort auf das Tor zu und suchen den Torerfolg.

- Nun stehen zwei Erwachsene im Tor und es werden zwei bis vier Buchstaben gleichzeitig aufgerufen.

- Die Buchstaben werden durch Zahlen ersetzt.

- Welche mutigen Kinder trauen sich, die Postion des Keepers zu übernehmen?

- Welche mutigen Kicker trauen sich die Position des Torhüters zu übernehmen und gleichzeitig die Buchstaben oder Zahlen aufzurufen?

Literaturverzeichnis

Schnepper,W: Das universelle Kinderbuch über Kindertraining, BOD, 2025

Claßen, M. / Schnepper, W.:
Taktiktraining im Jugendfußball, BOD, 2011

Claßen, M. / Schnepper, W.:
Taktiktraining im Jugendfußball 2, BOD, 2012

Claßen, M. / Schnepper, W.:
Pressing mit System, BOD, 2012

Schnepper, W / Claßen, M:
Bambini / F-Jugendtraining: 20 Trainingseinheiten, BOD, 2013

Schnepper, W / Claßen, M:
F-Jugend / E-Jugendtraining: 20 komplette
Trainingseinheiten, BOD, 2013

Schnepper, W / Claßen, M:
E-Jugend / D-Jugendtraining: effektive Übungen, BOD, 2014

Schnepper,W: Psyche im Kinderfußball, BOD, 2019

Baumann, S: Psychologie im Sport, Meyer & Meyer
Verlag Aachen, 2006

Schnepper, W: Fußballtrainer - Psychologie und Basiswissen,
BOD, 2019
Schnepper, W: Psyche im Kinderfußball, BOD, 2019

Notizen

Notizen